我的第一本中国通史

元明史

主编◎李　默

学术顾问◎李学勤 罗哲文 俞伟超 曾宪通 彭卿云

经典读物《中华文明大博览》青少年普及版

历史大家李学勤作序推荐

给孩子看的易读易懂好看有趣的通史精品

廣東旅游出版社
GUANGDONG TRAVEL & TOURISM PRESS
悦读书·悦旅行·悦享人生
中国·广州

图书在版编目（CIP）数据

我的第一本中国通史·元明史 / 李默主编. — 广州：广东旅游出版社，2014.1（2022.7 重印）
ISBN 978-7-80766-750-6

Ⅰ.①我… Ⅱ.①李… Ⅲ.①中国历史—元代—青年读物 ②中国历史—元代—少年读物③中国历史—明代—青年读物④中国历史—明代—少年读物 Ⅳ.①K209

中国版本图书馆CIP数据核字（2013）第293615号

出 版 人：刘志松
策划编辑：蔡 璇
责任编辑：贾小娇
封面设计：小龙工作室
内文设计：邓传志 冼志良
责任技编：冼志良
责任校对：李瑞苑

我的第一本中国通史·元明史
WODE DIYIBEN ZHONGGUO TONGSHI·YUANMINGSHI

广东旅游出版社出版发行
（地址：广州市荔湾区沙面北街71号首层、二层 邮编：510130）
广州市樱华印务有限公司印刷
（地址：广州市番禺区钟村街诜敦村大围开发区）
开本：787毫米*1092毫米 1/16
印张：12
字数：195千字
版次：2014年1月第1版
印次：2022年7月第1版第3次印刷
定价：29.80元

序

世间公认，中华文明是人类历史上缔造的最光辉绚丽的文明之一。我们有责任将这一伟大文明的优秀传统普及于国人，进一步介绍于世界。达到这个目的的一种重要方法，就是编著图文并茂的中华文明史。

我国古代的学者，早就提出过“左图右史”的理想，希望用直观的图像来补充文字描述的不足。只是由于当时材料、技术条件的限制，这种愿望无法充分实现。近代各类文物发现众多，尤其是考古学在中国发展之后，编写文字与图像并重的历史书籍的条件便齐备了。

早期有些学者的想法，是给历史研究配置一套参照的图像。这个思想的滥觞，或许可以追溯到明代《三才图会》之类的书籍。日本学者编印的《东洋文化史大系》等等，思路是相近的。在国内，专以文物为主，开此类图谱先河的，是郑振铎先生的《中国历史参考图谱》，曾经广泛流行。不过郑先生的书纯系图集，尚未能收图文互补的效果。同为郑先生编的《插图本中国文学史》，图文兼备，更为读者欢迎，但只限于文学史方面。

近年，很多人想到要编著大规模的“插图本中国通史”，并做了若干尝试。广东旅游出版社推出这部《我的第一本中国通史》，应该说是成功的。这部书重点在于论述中华文明，贯穿以整个历史的纵线，其文字、图片的版面彼此相当，内容同样丰富，真正做到了图文并茂。

图文并重的中国文明史，就方向而言，有利于历史学和考古学的进一步结合。考古学本身是具有独立的理论和方法的学科，然而中国考古学从一开始便以同历史学的密切结合为特点。大家知道，王国维先生20世纪20年代在清华国学研究院讲义《古史新证》中提出的“二重证据法”，在方法论上为考古学的建立发展开拓了道路。“二重证据法”指文献同文物的互相印证，即蕴含着历史、考古的结合。亲手在中国开展考古学工作的考古学家，都以探索和重建古史为职志。最早得到大规模系统发掘的遗址殷墟，其被选定正式出于这样的要求。长期领导中国科学院（后属中国社会科学院）考古研究所的夏鼐先生，1984年在《什么是考古学》文中说，考古学和利用文献记载进行研究的狭义历史学不同，研究的对象只是物质的遗存，但两者同以恢复人类历史的本来面目为目标，如车之两轮，鸟之两翼。对于了解中国有着悠久的文明和丰富的文献传统的人们来说，中国考古学的这种特点乃是自然的。

尽管历史与考古有如此密切的关系，把两者很好地结合起来仍不是容易的事。认识历史文献和考古成果，分别需要特殊的学习与训练。特别是考古学的研究收获，并非轻易就能融会到历史研究中去。在历史知识的普及上，怎样结合考古文物也很不简单。《我的第一本中国通史》在这两方面做了很大努力，使全书成了真正的“纸上博物馆”，成绩是值得肯定的。

说考古学的对象是物质遗存，不等于讲这种遗存仅为物质文化。可能有读者知道，拙见以为每种人类的物质遗存都在不同程度和层面上反映当时的精神文化。大至古城址、陵墓群，小到一件兵器、一个配饰，无非中华文明的产物，寄寓着先民的意念与精神。所以，我们探索中华文明萌生形成、发扬光大的历程，不可缺少考古文物。这正是“纸上博物馆”胜于其他类型的史籍之处。

然而，作为文物考古研究对象的物质遗存，以及由这种遗存所能导出的内涵，究竟是有限的。过去的世界，不可能完整地以遗存的形式保留下来，我们不应当希望考古学能够将《史记》、《汉书》包含的种种全面揭示在人们眼前。因此，在为历史配图时，总是有太多的遗憾，甚至于不很需要的地方，文物数量繁多过剩，十分需要的场合，有关文物却很少，以至一件也没有。这就要求书的编者广为搜集，又精加选择。《我的第一本中国通史》在这一方面也是做得好的。

这便是我在此要写几句话，向读者推荐的理由。

李学勤

目录

元

目录

明

目录

目录

元

大事纪

公元1206～1368年

● 公元1271～1275年

● 公元1271年
忽必烈定国号为元，次年定都大都。

● 公元1273年
吕文焕献城投降，元军攻占襄樊。

● 公元1274年
元军第一次东征日本。

● 公元1275年
马可·波罗入华。

● 公元1279～1293年

● 公元1279年
崖山海战，南宋灭亡。

● 公元1281年
元军第二次东征日本。

● 公元1292年
元军渡海征爪哇；元大都城建成。

● 公元1293年
通惠河开通，京杭大运河全线贯通。

●公元1294年
元世祖忽必烈去世。

●公元1307年
元成宗铁穆耳死于玉德殿，大都发生政变。

●公元1322年
南坡政变，泰定帝即位。

●公元1333年
元末代皇帝元顺帝即位，改年号元统。

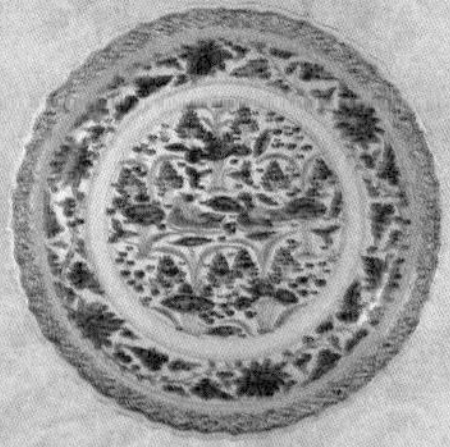

○ 公元1294～1333年　　○ 公元1351～1368年

●公元1351年
刘福通、徐寿辉红巾军起义。

●公元1363年
朱元璋破张士诚兵，杀陈友谅，
消灭江南群雄。

●公元1367年
朱元璋北伐，元朝灭亡。

忽必烈建元·定都大都

至元八年（1271年）十一月，忽必烈采纳刘秉忠、王鹗等儒臣的建议，根据《易经》“乾元”的意思，正式建国号为大元，并颁布《建国号诏》。蒙古自成吉思汗建国以来，一直用族名充当国名，称大蒙古国，没有正式建立国号。忽必烈登上蒙古汗位后，建年号为“中统”，仍然没有立国号。随着征宋战争的顺利进行，尤其是忽必烈统治日益巩固，他决定把自己的王朝建成传承汉族封建王朝正统的朝代。忽必烈建国号大元，明确表示他所统治的国家已经不只属于蒙古一个民族，而是中国历代封建王朝的继续。

蒙古国时期，其统治中心在和林（今蒙古境内），忽必烈即位后，元朝的统治中心已经南移，远在漠北的和林不再适合作为都城，于是忽必烈开始寻找新的建都地点。他升开平为上都，取代和林，接着又迁往更理想的燕京（今北京），定名为中都。至元九年（1272年）二月，忽必烈改中都为大都，正式定为元朝首都。大都从此成为元朝的政治中心。

◎元世祖忽必烈像

元行帝师制

元代之前有国师而无帝师，元亡帝师制度便随即中止，故帝师制度便成了佛教史上的一个特例。元代帝师之号并非出于对藏僧大德的尊敬，而是基于治藏的政治需要。帝师制度开了西藏政教合一体制的先河，帝师既是全国最高的宗教领袖，又是藏区军政首脑，统管藏区一切事务。

元代第一位帝师是八思巴，八思巴之后，元代还任命了13位帝师，历

◎《蒙古字韵》。八思巴文拼写汉语的韵书，收入八思巴字 800 多个，汉字 900 多个。

代帝师都出于萨斯迦昆氏家族，采用叔侄相承、兄终弟及的传承制度。唯一的例外是萨迦系非昆氏家族的胆巴（1230～1303年），生前受世祖、成宗、仁宗的赏识和重用，死后被追谥帝师号。

元代的帝师制作为一项宗教制度，它的意义已完全超出宗教范围，佛教成为连结中央政府与地方的桥梁，共同的宗教信仰促进了蒙、藏、汉民族文化的融合，有利于中华民族共同的文化心理素质的形成。西藏从此成为中国领土不可分割的一部分。

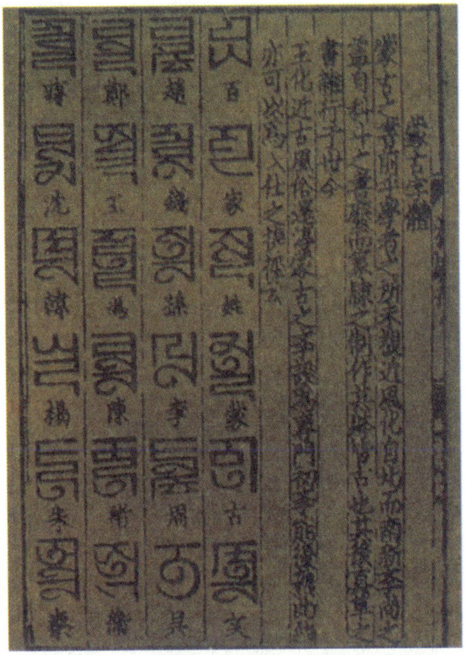

◎《八思巴字百家姓》，载于《事林广记》。

八思巴字创制

忽必烈于至元六年（1269年）颁诏正式推行国师八思巴创制的文字，把它名作“蒙古新字”，但第二年即改称为“蒙古字”。实际上，这种文字就是元朝的国字，后世有人直称“元国字”或“元国书”，元王朝灭亡后逐渐被废弃。字母表主要由藏文字母组成，也有少数梵文字母，还有几个新造字母。字母多呈方形。字母数目最初为41个，后陆续增加。据现存资料归纳，包括各种变体有57个。

八思巴字蒙古语资料和汉语资料，是探讨元代蒙古语和汉语的可靠依据，尤其是在研究这两种语言的语音方面，八思巴字资料优于其他任何可利用的同类资料，因为它对语音的记录准确而细微。

八思巴字资料在历史学方面也有很高的价值，是宝贵的历史文献。其内容涉及整个元代社会的政治、经济、文化、日常生活等各个领域。现存八思巴字资料，主要反映有关元朝宗教政策、民族关系、典章制度、历史人物、行政区划等社会情况。因此，这些资料为研究元史提供了直接的证据。

小辞典 人物

元代第一位帝师八思巴

元代第一位帝师八思巴（1239～1280年），是藏传佛教萨斯迦派的重要领袖。1258年，忽必烈召集僧道两教高士辩论《老子化胡经》真伪。18岁的八思巴作为释教首席代表舌战众道士，迫使17名道士服输削发为僧，一些道观改为佛寺。中统元年（1260年），忽必烈即大汗位，其时蒙古境内“释教大盛”，于是封八思巴为国师，赐玉印，统管蒙藏地区的佛教事务。至元元年（1264年），忽必烈迁都北京，设立全国性宗教管理机构——总制院，八思巴以国师的身份兼领总制院事。此后，八思巴还受命创制蒙古新文字。至元六年（1269年）新文字制成，八思巴因功被升为帝师、大宝法王，赐玉印，受到极高的礼遇。至元十一年（1274年），其弟亦怜真接帝师位。八思巴去世后，翰林学士王磐奉命撰《帝师行状》颂其功德，京城还建有八思巴寺以作纪念。

◎刺绣密集金刚像

小辞典 文化

最早的官修农书《农桑辑要》

《农桑辑要》是我国现存最早的官修农书，由元代主管农桑和水利的司农司编撰，大约在至元十年（1273年）刊刻并颁发给各行中书省的“劝农官”，开始流传和推行。

《农桑辑要》总计6万字左右，共7卷。第一卷《典训》相当于“绪论”，用系统的历史资料阐述农本思想。其余各项共记录了572项农业畜禽、养蚕业等方面的技术资料。此书是元灭南宋前指导黄河中下游地区的农业生产的专书，在内容上不涉及江南的水田生产技术，总结了当时的新经验和大量的第一手资料。它极端重视蚕桑，把蚕桑提高到空前的地位，大约占据了全书1/3的篇幅，比《齐民要术》有关这方面的内容增加了9倍多。农、桑并举作为书名，说明当时桑蚕业的地位和对蚕丝的迫切需求程度，为了向黄河流域的中下游地区推广苎麻和木棉种植而专门将其列举出来。

《农桑辑要》充分体现了农本思想，以谷物生产为纲，兼及各种小型副业的自给自足经济体系的特点，注意到农作物的主次顺序，完整地表现了《齐民要术》后六七百年来农业生产的新发展。

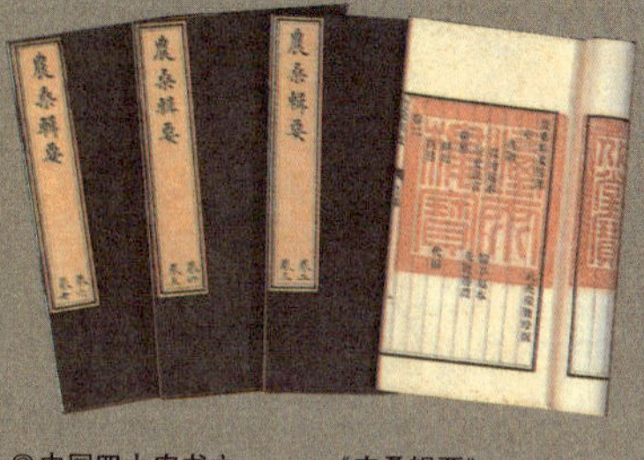

◎中国四大农书之一——《农桑辑要》

元军攻占襄樊

宋咸淳九年（1273年）二月，元军攻占襄樊。

咸淳三年（1267年）冬天，南宋北边的军事重镇襄阳（今湖北襄樊）被元军围困。守将吕文德守城坚决，元军发动多次进攻都被打退，但城中宋军也损失惨重。宋军几次突围不成，前来救援的部队也被元军阻住或是击退。

咸淳九年（1273年）正月，襄阳守军在樊城失守的情况下，陷入了内无力自守、外无兵救援的困境。守将吕文德的弟弟吕文焕在吕文德死后主持襄阳大局，他多次派人向朝廷告急，权相贾似道却毫不在意。二月，元军统帅阿术一面让元军用回回炮轰击城内，动摇城中人心，一面又派人进城招降。吕文焕看到大势已去，为了让襄阳老百姓免受屠城的噩运，遂献城投降。元军经过6年战争最终占领襄阳。襄阳失守后，长江沿岸的许多城市守将纷纷投降，为元军攻进宋的腹地敞开了大门。

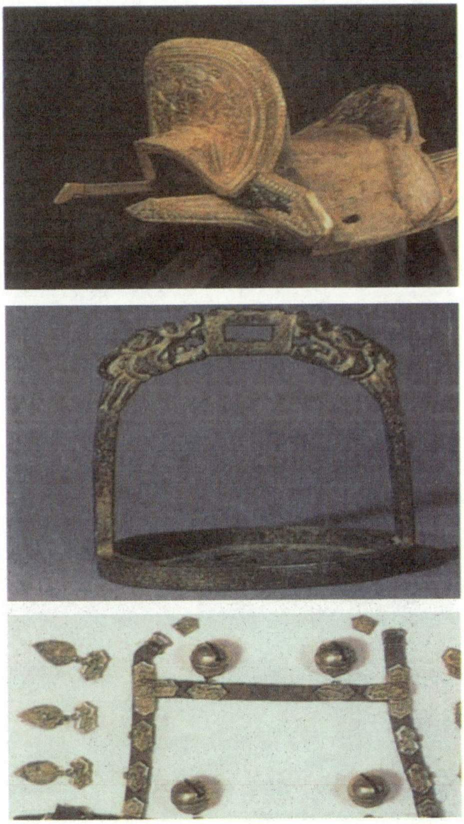

◎马辔具。上为马鞍，中是马镫，下为马笼头。

伯颜大军渡江灭宋

至元十一年（1274年）正月，阿术、阿里海牙等将领建议派兵大举攻宋，元世祖忽必烈看到时机成熟，于是召集大臣商议，决定派伯颜率军南下，直捣临安，对南宋实施毁灭性打击。

襄樊重镇早在至元十年（1273

◎元代铜铳，上有“射穿百札，声动九天”、“神飞”等铭文。

年）就被元军攻破，宋军防线出现缺口，因此伯颜所率大军从襄阳分路南下，几乎没有遇到任何抵抗。元军绕过南宋重兵驻守的郢州，直达长江北岸。至元十二年（1275年）正月，元军渡过长江，强攻鄂州，只3天就将鄂州占领，宋军闻风撤退，毫无斗志。伯颜让阿里海牙统兵4万镇守鄂州，自己率大军乘胜沿长江向东推进。元军跟宋军进行了一系列激烈的会战，南宋的城池接连陷落，宋朝廷十分恐慌。同年二月，权相贾似道派使者到伯颜军中求和，遭到伯颜拒绝。于是，贾似道亲自率领宋军迎战，两军在丁家洲大战。宋军遭到元军大炮轰击，惊慌失措，溃败逃窜。元军乘机掩杀，宋军水陆主力几乎丧失殆尽。从此，宋廷上下更不稳定。

丁家洲大战之后，忽必烈召伯颜北上，当面传授继续用兵的方案，决定由伯颜率主力攻临安，阿术分军攻扬州，阿里海牙、宋都䚟分别进攻湖南、江西。在元军的强大攻势下，南宋各地官吏丢印弃城、京师官员离职逃跑的现象日益普遍，南宋朝廷毫无办法。元军向临安一天天逼近。同年十一月，元军攻破了临安门户独松关，宋廷一片混乱，官员们都忙着处理后事。十二月，南宋又派使者到无锡去请求伯颜退兵讲和，但也是徒劳无益。元军一直开到皋亭山（今杭州东北），前锋到了临安的北关。文天祥、张世杰请求皇室和官员坐船下海，被陈宜中拒绝。接着，谢太后派监察御史杨应奎向伯颜呈交传国玉玺和降表，请求投降。伯颜接受。至元十三年（1276年）三月，伯颜进入临安，宣布受降诏书，然后将恭帝、皇太后、福王与芮等人押送到大都。南宋王朝至此名存实亡。

元军东征日本失败

至元十一年（1274年）和至元十八年（1281年），忽必烈两次发兵东征日本，均失败而归。

高丽臣附元朝后，东夷之国只有日本不受元朝控制。忽必烈几次派使节要求两国通使，日本都不买账。至元十一年（1274年）三月，忽必烈因日本拒绝通使，决定用武力去征服，派军2.5万人东征日本。元军登陆日本后，遇守军顽强抵抗，虽然小胜却不能深入。后来等不到援军，元军只好

◎出土自对马海峡的元军头盔

撤退，归途中遇到台风，船只大多被毁坏，元军损失惨重。

至元十八年（1281年），忽必烈再次命令东征日本。此次兵分两路进发。两支元军在日本会师后又遇罕见飓风，大多数船只破损，除部分高级将领争先坐船逃回外，10多万军士被遗弃在海岛上。几天后，日军大举进攻，元军又气又饿，大部分战死，剩下来的都被俘去做奴隶。第二次东征日本，元军遭受了几乎全军覆没的损失。

至元二十年（1283年），忽必烈试图再征日本。由于人民纷纷起来反抗，他被迫放弃了征伐日本的计划。

登封观星台建成

元朝初年，位于今河南省登封县城东南的登封观星台建成。

观星台为砖石混合建筑结构，由台体和石圭两个部分组成。台统包括台主体和台顶小室。此小室为明嘉靖七年（1528年）修葺时所建。台四壁明显向中心内倾，其收分比例表现出中国早期建筑的特征。台下北壁设有对称的两个踏道口，人们可以由此登临台顶。踏道以石条筑成，四隅各有水道小孔，用以导泄台顶和踏道上的雨水，水道出水口雕成石龙头状。石

◎登封观星台

圭又称“量天尺”，用来度量日影长短。石圭居子午方向，圭面刻有两股水道，水道南端有注水池，北端有泄水池。

郭守敬曾对古代的圭表进行改革，新创比传统“八尺之表”高出5倍的高表。登封台的直壁和石圭即为目前仅存的实物例证。另据史料记载，观星台上曾有滴水壶，并在此观测北极星。由此可推知登封观星台是一座具有测影、观星和记时等多种功能的天文台。

登封观星台是中国现存最早的天文台，也是世界上重要的天文古迹。

中国阿拉伯数学交流

元代蒙古族政权的范围达到中亚、西亚直到阿拉伯和东欧，形成中西交通的空前盛况，使中国与阿拉伯等国的数学交流更进一步。

中国数学西传中最突出的是中国

◎阿拉伯数字幻方铁板

“盈不足术”的西传，9世纪阿拉伯数学家花拉子米的著作中已有关于盈不足问题的叙述，在10～13世纪一些阿拉伯数学家的著作中，盈不足术被称为天秤术或契丹（即中国）算法。中国数学中的一些著名问题，如《九章算术》中的“持米出关”、“折竹问题”、“池中之葭”，《孙子算经》中的“物不知数”，《张邱建算经》中的“百鸡问题”等，都多次出现在10～15世纪阿拉伯数学书中。

在数学西传的同时，正处于蓬勃发展时期的阿拉伯数学也有许多内容传入中国。如西域人札马鲁丁撰的《万年历》、马哈麻所作《回回历法》、《大统历》（即《授时历》）均有参互使用。阿拉伯幻方也在这时传入中国。此外，阿拉伯人计算乘法的“格子算”也在这一时期传入，后被明代数学家称为“写算”、“铺地锦”。

逸闻趣事

马可·波罗入华

中统元年（1260年），威尼斯商人尼柯罗、马菲奥两兄弟到东方做生意，于至元二年（1265年）夏天到达大都。忽必烈向他们询问欧洲的情况，并且委派他们作蒙古大使的副手出使罗马教廷，要教皇选派100名懂法律、精通七艺的传教士来中国。兄弟俩在至元六年（1269年）到达地中海东岸，向罗马教廷递交了国书。

至元八年（1271年），尼柯罗兄弟带着尼柯罗的儿子马可·波罗，陪同新任教皇派遣的两名传教士到蒙古复命。途中两个传教士怕苦放弃，把教皇的书信以及出使证交给尼柯罗，要他们转交。三人沿着古代丝绸之路，越过帕米尔高原，穿过河西走廊，于至元十二年（1275年）达到大都。从此，马可·波罗跟着他父亲、叔父在中国居住了17年。

马可·波罗聪明谨慎，口才也好，他在中国很快学会了骑马、射箭和蒙古话，取得了忽必烈的信任。马可·波罗曾被忽必烈派到云南、江南各地去视察，又在扬州做了3年地方官，并作为元朝使者去过占城、印度等国家。至元二十六年（1289年），马可·波罗和他的父亲、叔父打算返回故乡，并得到了忽必烈的恩准。至元二十八年（1291年）的春天，马可·波罗一行带着忽必烈写给教皇以及英、法各国国王的书信，从泉州坐船西行回国。马可·波罗于1295年回到威尼斯以后，在参加威尼斯和热那亚的海战中被俘。他在狱中口述，由其狱友笔录写成的《马可·波罗游记》，对东方中国的情况作了详细的介绍，在西方社会引起了很大的轰动。

◎马可·波罗像

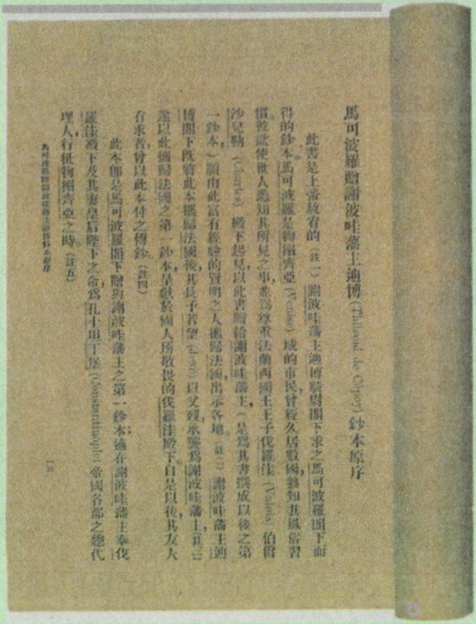

馬可波羅贈謝波吐離士迪博（Thibaud de Cepoy）鈔本原序

此書是上帝救寄的（註一）謝波吐離士迪博騎尉閣下，求之馬可波羅閣下而得的鈔本。馬可波羅是物搦齊亞（Venise）城的市民，曾經久居數國，熟知其風俗習慣，彼欲使世人盡知其所見之事，並為尊重法蘭西國王王子伐羅洼（Valois）伯爵沙呂勒（Charles）殿下起見，以此書贈給謝波吐離士，（是為其書撰成以後之第一鈔本，）顧由此富有經驗的賢明之人攜歸法國出示各地。（註二）謝波吐離士迪博閣下既將此本攜歸法國後，其長子若望（Jean）以父殁，承襲為謝波吐離士，（註三）遂以此獨歸法國之第一鈔本呈獻於國人所敬畏的伐羅洼殿下。自是以後，其友人有求者，皆以此本付之傳鈔。（註四）

此本即是馬可波羅閣下贈與謝波吐離士之第一鈔本，適在謝波吐離士奉伐羅洼殿下及其妻皇后陛下之命，為孔士坦丁堡（Constantinople）帝國各部之總代理人，行抵物搦齊亞之時。（註五）

◎《马可·波罗游记》汉译本书影

文天祥抗元失败

文天祥是南宋主战派的代表人物之一。鄂州失陷以后，他曾率领1万多人到临安护卫，此后一直忠心耿耿地抗击元军，做到了临安知府。德祐二年（1276年）正月，右丞相陈宜中出逃，宋廷擢升文天祥为右丞相，派他到元军营中议和，被伯颜扣留。后来逃脱，又辗转来到福州流亡朝廷。文天祥散尽家财，招兵买马，打算先收复江西，再跟江淮、浙东一带连成一片，支撑起南宋东南的半壁河山。文天祥派部将杜浒到浙江收集兵粮、吕武跟江淮宋军残余势力联络，自己则率领主力经福建到广东北部，再出击江西。江西大部分地方被收复。元军组织反击，一方面派援军来救被文天祥围困的赣州，一面又派精兵大举进攻文天祥在兴国的根据地。元军兵力强大，文天祥打算北上跟邹沨会师，

◎北京文天祥祠。文天祥被俘后在此关押，直至就义。

不料邹也在永丰兵败。文天祥只有暂避锋芒，向南撤退。文天祥的军队在方石岭（今江西兴国东北）被元军追上，两军交战，厮杀激烈，宋军守将巩信拼死抵抗，将元军挡住，文天祥的军队才得以继续撤退。元军又追到空坑，文天祥的部下几乎全部被俘或遇害。乱军之中，郎将赵时赏谎称自己是“文丞相”，文天祥才得以逃脱。

景炎三年（1278年），文天祥继续招兵买马，壮大力量，在惠州、潮州一带活动，多次打击元军。十二月，文天祥在五坡岭兵败被俘。

小人物辞典

文天祥

文天祥（1236～1282年），南宋大臣、文学家，字履善，号文山，吉州庐陵（今江西吉安）人。

1278年文天祥兵败被俘，忽必烈劝降未果。文天祥忠烈英勇，认为只能以死殉国，被囚3年期间写下了许多诗文，大部分收入《指南录》中，其中《过零丁洋》（归入《指南后录》）、《正气歌》等诗脍炙人口，广为传诵，是为名篇。至元十九年（1282年），文天祥以死践行了他的“人生自古谁无死，留取丹心照汗青”的信誓。作为南宋一代名臣，文天祥为此后历朝忠烈之臣所效仿。后人将其著作辑为《文山先生全集》。

◎文天祥像

崖山海战·宋室灭亡

南宋德祐二年（1276年），宋廷投降时，陈宜中、张世杰等人带着益王赵昰、广王赵昺逃离临安，到达温州。五月，赵昰在福州即位，称端宗，改元景炎，册封杨淑妃为太后，赵昺为卫王。当时赵昰年仅9岁。十一月，元将董文炳攻进福建，赵昰被张世杰、陆秀夫等一批大臣护送逃往海上，来到惠州。次年四月，逃亡的王室暂时在官富场落脚，并以此为基地收复了闽粤沿海很多城市，但不久又被元军打败夺去。十二月，赵昰又坐船逃亡，其间船遭元军袭击，赵昰受了惊吓。景炎三年（1278年）春天，端宗因受惊过度，在雷州岛上病死，

◎陆秀夫负帝昺投海图

时年11岁。张世杰又拥立赵昺即位，改元祥兴。

至元十五年（1278年）六月，因为雷州的失守，张世杰带着赵昺撤至崖山（今广东新会南），企图凭借险要地势久守。1279年，元将火攻崖山将宋军打败。陆秀夫看到大势已去，背着8岁的小皇帝赵昺跳海而死。张世杰保护杨淑妃突围，但遭遇海上飓风，在海陵港翻船溺死。至此，南宋的最后一支军队全军覆没，宋朝彻底灭亡。

朱学立为官学

13世纪，蒙古族人在入主中原的过程中也开始了封建化的进程，吸取以儒学为主体的汉族思想文化。元朝

◎洙泗渊源牌坊。“洙泗渊源”与“万世宗师”为一坊两面。这是棂星门前的牌坊，十分宏伟，高达 9 米。

建立后，朝廷进一步推行尊儒礼士的政策，儒士继续得到重视，使南宋仅在东南一隅传播的理学迅速传播到了北方，并且成为钦定的官学。

朱熹是南宋的大理学家，其理学思想早在南宋理宗时已取得正宗地位，被统治阶级利用，影响力很大。他的追随者在南宋灭亡后继续把他的思想传播到了北方。

追随者之一赵复是元初理学的硕儒，被元军俘获后在燕京（今北京）开办太报学院，和姚枢、许衡、窦默等一起讲习程朱之学，门徒众多。自此，理学开始在北方广泛传播。

元仁宗皇庆二年（1313年）十一月，朝廷宣布恢复科举制度，考试内容为《四书》《五经》，皆以朱熹及其门人的注释为准。由此，朱学便取得了官学的地位。

由于官方的大力提倡，许多理学家的著作都由政府雕版刊行，讲学亦多采用朱学之书，以至于“海内之士非程朱之书不读”。程朱理学在元代思想文化界已完全确立了独尊地位。

关汉卿作《窦娥冤》

关汉卿是著名的元代杂剧作家，生平多与当时大都一带的著名杂剧、散曲家及艺人来往，商酌文辞，评改作品，并时有亲自登台演出。

关汉卿著有杂剧67部，现仅存18部，其中《调风月》、《拜月亭》、《西蜀梦》保存得较为完好。仅存作品中《窦娥冤》为其最重要的代表作。

《窦娥冤》题材源于《汉书·于定国传》和干宝《搜神记》中的“东海孝妇”故事，讲述了窦娥年幼时因家贫被卖给蔡家做童养媳，婚后丈夫身亡，婆媳相依为命。蔡婆婆出门索债，被赛卢医骗到城外，企图谋财害命。恰值张驴儿及其父路过，救活蔡婆婆并借此占住蔡家，并强迫他们婆媳与张驴儿父子结成夫妻，窦娥坚决拒绝。张驴儿阴谋毒死蔡婆婆，反而毒死了他父亲，他转而诬陷窦娥。官府严刑逼供，窦娥为救护婆婆，屈打成招，被判处斩刑。临刑之前，窦娥发下三桩誓愿：一是刀过头落后，一腔热血飞洒在丈二白练之上；二要六月降雪，掩盖她的尸体；三是要当地大旱3年。后来誓愿一一应验。3年后，朝廷派其父窦天章任两淮提刑肃政廉访使，窦娥鬼魂向父诉说冤情，终于沉冤得雪。在杂剧《窦娥冤》中，关汉卿抒发了那些长期遭受压迫的人民群众无处诉苦的强烈反抗情绪。这也正体现了关汉卿的杂剧具有强烈的现实性的特点。

关汉卿被后人列为“元曲四大家”之首，在中国戏曲史上占有重要地位。他的《窦娥冤》是元代杂剧杰出的代表作。

◎关汉卿画像

◎郭守敬设计的简仪

《授时历》完成

至元十七年（1280年），许衡、郭守敬、王恂奉诏编成新的历法《授时历》。第二年元世祖忽必烈诏令颁行全国。这是当时世界上最精确的历法之一。

元朝建立初期，南北历法不一。忽必烈深受汉族文化影响，决心继承发展传统的中国天文学，于是命令由许衡、王恂、郭守敬等负责制定新历法。他们分析研究汉代以来40多家历法，吸收各家精华，取得许多成就。郭守敬创制了多种天文仪器，如简仪、高表等12种，并通过新制仪器的观测获得一系列数据，为《授时历》的推算奠定了基础。

《授时历》考证了7项天文数据；计算出5项日月运行的新数据；采用郭守敬首创的孤矢割圆术来计算太阳黄道与赤道极度；采用百进位制表示小数部分，提高计算精度；废弃上元积年法，以至元十八年（1281年）冬至时刻为历法历元；推算回归年长度为365.2425日，与现行公历相同，比欧洲格里高利历早300多年。

《授时历》集古代诸历法之大成，成为中国历史上使用最久的一部历法，为天文学的研究和发展提供了绝好的材料。

文化小辞典

白莲教、基督教、伊斯兰教的发展

白莲教作为中国民间宗教，渊源于佛教净土宗。南宋绍兴（1131～1162年）年间，吴郡昆山（今江苏昆山）僧人茅子元（法名慈昭）在宋代流行的净土结社的基础上，创立了白莲宗。到了元代，白莲宗与弥勒信仰相结合，演变发展为白莲教。白莲教的兴起，是儒、佛、道三教合流思潮向社会下层扩散，与民间信仰相结合的产物。元朝统治初期，统治者曾采取扶持政策，使白莲教进入空前的全盛时期。后来因白莲教众集众生事，朝廷下令禁止。元末由于政治腐败，民族矛盾和阶级矛盾趋于激化，广大汉人起来反元，白莲教便成为起义的旗帜。白莲教及其武装红巾军在推翻腐朽的元朝、建立新生的明朝的事业中起到决定性的作用。

元定宗时期，教皇英诺森四世派教士访问蒙古驻地和林，劝蒙古人信仰天主教，这是蒙古人与罗马教廷最早的接触。1260年，威尼斯商人马可·波罗进入中国。当时元朝处于鼎盛时期，世祖请马可·波罗带信给罗马教皇，正式提出请教皇派通晓“七艺”（文法、论理、修辞、几何、算学、音乐、天文）的100名传教士来中国，表示了对天主教的重视。1289年，教皇尼古拉四世派修士约翰·孟高维诺来华，元成宗铁穆耳准许他公开传教。1298年，他在北京建立教堂，成立神职班，将《新约》等宗教文献译成蒙文和维吾尔文进行传教，信徒众多。元朝对基督教设专门的崇福司管理，采取宽容的态度，不仅准许传教，而且发给薪俸，但基督教的地位始终在佛、道之下。基督信徒多为蒙古人和西域人，元灭亡后，中亚交通阻塞，基督教在中国的传教随元帝国的覆亡而中辍。

元朝是中国伊斯兰教的鼎盛时期。穆斯林人口不断增加，社会地位也日益提高，他们为元朝的社会发展做出了空前的贡献，如泉州人蒲寿庚、扎八儿、大学者赡思、大诗人丁鹤年。成吉思汗及其子孙西征西亚与东欧，使得中西交通畅达，穆斯林大批归降或被俘，随蒙古军东来参加征服和统一中原的战争，被称为“西域亲军”。其中阿拉伯人、波斯人和中亚各族人与当地汉族、维吾尔族、蒙古族居民通婚，代代繁衍，逐渐形成一个新的民族——回族。

元代，新疆的三大宗教——伊斯兰教、基督教、佛教都得到一定程度的发展，同时各教之间互相来往，互相渗透，气氛比较平和宽松。自由传教的结果，是伊斯兰教发展最快，到16世纪时，新疆全境除北部瓦剌蒙古信奉喇嘛教以外，全部改信伊斯兰教。

◎《番王礼佛图》卷。全图用白描法，笔法工细。人物情态生动，衣纹流畅。海水、佛光等具有装饰意味。

高利贷“斡脱”盛行

至元二十年（1283年）五月，元朝设立了“斡脱”总管府。“斡脱”是蒙古语Ortog的音译，原意是“合伙”，意译为“商带”，专指经营高利贷的官商。从成吉思汗后期开始，蒙古贵族便提供本银，委托中亚木速蛮商人（元代对伊斯兰教徒的通称）发放高利贷，坐收渔利，发放的钱款就叫做“斡脱钱”，年息高达100%，次年息转为本，利滚利式经营。当时有人称之为“羊羔息”。由于这种高利贷本息相生，因此许多借款的户民甚至官商都破了产。到了窝阔台时期，朝廷便下令禁止利生息，息转为本，全部利息不得超过100%。

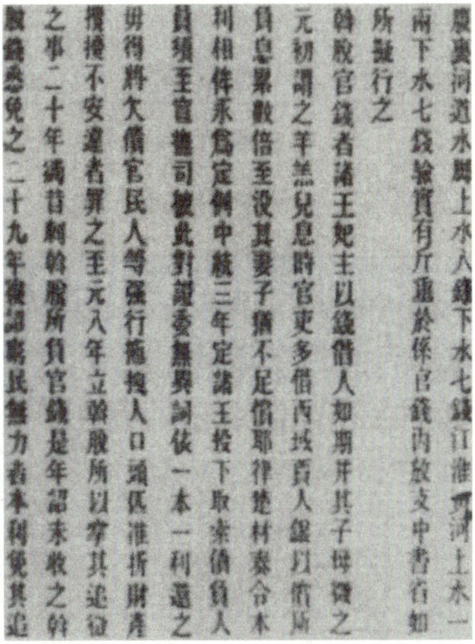
鹽黄河逆水腳上水八錢下水七錢江淮[illegible]河上水一
兩下水七錢驗實有斤重於係官錢內放支中書省如
所議行之
斡脫官錢者諸王妃主以錢借人如期幷其子母徵之
元初謂之羊羔兒息時官吏多借西域賈人銀以償所
貸息累數倍至沒其妻子猶不足償耶律楚材奏令本
利相侔永為定例中統三年定諸王投下取索債負人
員須至官擬司被其對證委無異詞依一本一利還之
毋得將欠債官民人等強行拖拽人口頭匹准折財產
擾攘不安違者罪之至元八年立斡脫所以掌其追徵
之事二十年罷舊制斡脫所負官錢是年詔赦收之斡
脫錢悉免之二十九年復詔窮民無力者本利俱免其追

◎《新元史》关于斡脱钱的记载

元朝成立后，那些持有圣旨、谕旨的皇室成员继续经营此业，他们另立户籍，称为“斡脱户”，并有总统府、斡脱所等专门管理机构。这些人每年进贡给朝廷和当官者大量钱财和奇珍异宝，有些良臣指出要加以限制，但元廷反倒给那些斡脱户许多特权，例如使用驿站、减免课税等。斡脱愈加盛行。

追斡脱债对百姓为害极大，他们常因还不起钱而倾家荡产。为了防止有人逃债，朝廷于元贞元年（1295年）二月下令将因还不起债逃跑的人量刑定罪，并用钱奖励那些告状的人。因此，斡脱高利贷愈演愈烈，成为当时社会的一大弊病。

元建海运业

秦汉以来，近海短途航运曾多次被开拓，但航行距离、货运量都十分有限。1276年，元军攻占南宋的都城临安（今浙江杭州）后，大将伯颜就命朱清、张瑄将获取的南宋府藏图籍从崇明洲（今上海崇明）经海上运往京师，这是元朝海运业的开端。

忽必烈统一全国以后，鉴于江南税粮需大量北运，运河漕送不畅通，

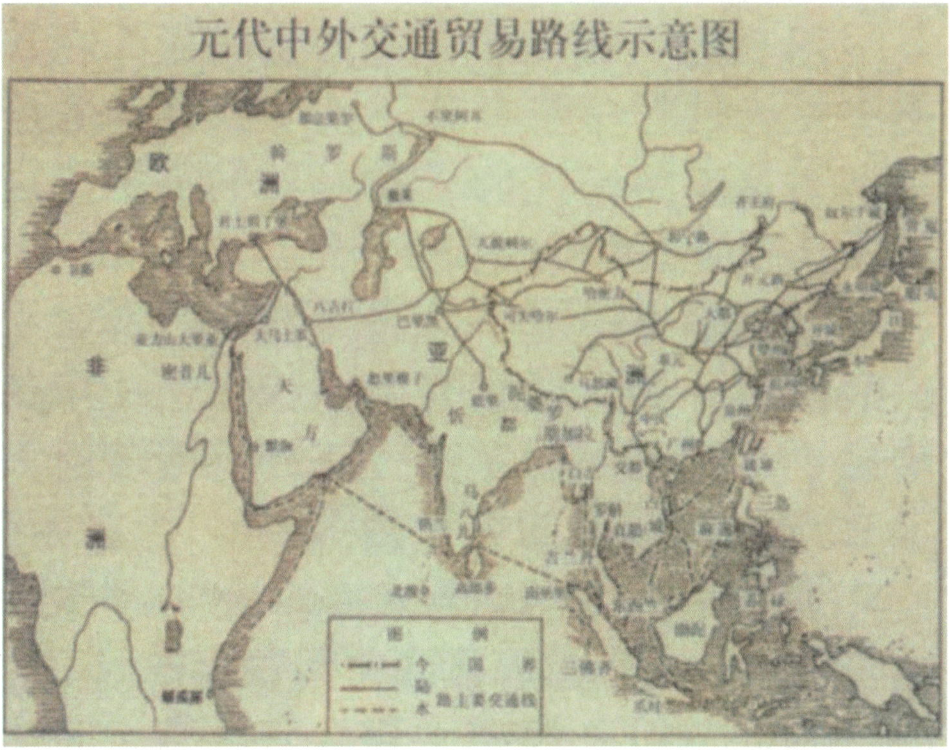

◎元代中外交通贸易路线图

水陆转运十分不便，而且劳民伤财，于1282年试办海运。与陆运、河运相比，海运省时、省力、省费用。

元政府先后开辟了三条海上航线，前两条是朱清、张瑄开辟的。1293年，海运千户殷明略又开辟了自刘家港（今江苏太仓浏河）入海，经黑水洋、蓬莱沙门岛，再进入海河的航运线路。

在海运业迅速发展的同时，沿海港口也逐渐兴起。太仓、密州、登州、上海、直沽的港口都能停泊巨大的船只，直沽是当时北方最大的港口。

海运的发展和兴盛，保证了元朝政府的粮食供应，促进了南北物资交流，也推动了航海技术的发展。同时，海运的发展还促进了内河航运的长足进步。元代整治后的大运河，进一步提高了五大水系的航运能力，对经济文化联系的加强起到了不可估量的积极作用。

元钞成为中国最早通用纸币

元代纸币的发行并成为货币主体流通，使中国成为世界上最早使用纸币的国家。

◎发行于至元二十四年（1287年）的“至元通行宝钞”

◎发行于中统元年（1260年）的“中统元宝交钞”

和金属货币相比，纸币具有工本费低的优点而被元统治者所青睐。此前宋代和金均发行过纸币，但都是在一定地区流通的，其货币主体仍是金属货币，纸币只是辅助性货币。忽必烈即位后，中央政府开始发行统一的纸币。元统一后，纸币成为货币主体通行全国。

元代纸币成为货币主体在全国范围内流通，是货币史上的巨大进步，但人们对货币流通规律还缺乏足够的认识，中统钞发行之初的币值稳定局面只维持了十几年，准备金的严重不足，货币投放量的失控，统治者的穷奢极欲，都使货币贬值日益加剧，国家财政和民众经济生活陷入极端的困境之中。严重的通货膨胀使人们视纸币如废纸，最终使其完全丧失了基本职能。

但无论如何，元代纸币成为货币主体在世界货币发展史上显示出了重要的意义。

文化小辞典

精美的飞来峰元代造像

杭州飞来峰元代造像十分精美，堪称古代江南石窟造像的杰出作品。其刀法洗练，衣纹流畅，布置在林壑山岩间，有超凡脱尘之趣，在选择环境、审地度势和造型设计上别具匠心。

◎杭州飞来峰元代造像

飞来峰位于杭州灵隐寺前，山崖石壁上分布着包括五代、两宋至元的造像380余尊，其中元代作品最为精美。元石像多为佛教造像，石刻的题材和艺术风格有汉式和梵式两种样式。汉式造像较多，其中临溪崖壁上雕造的布袋和尚身倚布袋，手执念珠，袒腹而面露嬉笑，两旁有十八罗汉，造型及布局均非常生动形象而富有变化。梵式造像则具有明显的喇嘛教艺术特色。

飞来峰的元代造像有的在风格上还存有宋遗规，也有的受西藏样式的影响。飞来峰的佛教石刻造像在中国雕塑史上具有十分重要的地位。

人物小辞典

“曲状元”马致远

马致远，字千里，号东篱，大都（今北京）人。与关汉卿、郑光祖、白朴并称“元曲四大家”，有“曲状元”之誉。今存散曲约130多首，他的写景作如《秋思》，如诗如画，余韵无穷。他被看作是“豪放”派的主将，虽也有清婉的作品，但以疏宕宏放为主，他的语言熔诗词与口语为一炉，创造了曲的独特意境。

◎掐丝珐琅象耳炉。圈足、双象耳系清初时所配。

马致远的杂剧作品亦十分丰富，见于著录的有16种，如《汉宫秋》、《青衫泪》等。此外，他还作有一些“神仙道化”杂剧，这与元代时期道教兴盛有关。如《吕洞宾三醉岳阳楼》、《陈抟高卧》等，对后世宗教剧的创作影响很大。

汉、蒙、回回国子学并立

太宗六年（1234年），元在燕京改枢密院为宣圣庙，设立国子之学。至元二十四年（1287年），元朝正式设立国子监。至元八年（1271年）与至元二十六年（1289年），元朝在京师分别设蒙古国子学和回回国子学。从此，汉、蒙、回回三种国子学并立。

元朝国子学创建之后，设博士通掌学士，分三斋教授生员。博士讲授经书，助教负责一斋教学的具体事宜，正录专管申明规矩，督习课业。学生人数定为200人，先准许100人及伴读20人入学。100人中，蒙古人占一半，色目、汉人共占一半。以后生员继续增多。元朝国子之制还规定考试规矩，每年选40名学生升充高等生员，蒙古、色目各10名，汉人20名，岁末试贡，唯取实才。

蒙古国子学及回回国子学主要招收随朝百官子弟之俊秀者入学，属于中央级专门学校。庶民子弟只能作陪堂生。回回国子学的设立，对元朝开辟西域及扩大版图非常重要。

三种国子学并立发展的局面，反映了元朝开明的文化教育政策。这种文教政策在一定程度上冲破了各民族交往中的障碍，使元朝的文教事业不断向前迈进，在教育发展史上留下了光辉的一页。

行省制确定

至元二十八年（1291年）五月，忽必烈下令罢尚书省，右丞相以下皆改入中书省，行尚书省改为行中书省，简称行省。至此，元行省制确立。

◎北京国子监为元明清三代国家的最高学府。图为成贤街国子监牌坊。

◎元代铜权。图中右刻有“至元元年（1264年）校勘相同”等铭文，左为“大都路造”铜权。

行省制，即在中央设中书省总理全国政务，枢密院掌管军事，御史台负责监察。在地方上设行中书省（即行省）。行省设丞相一人，掌管全省军政大事。行省下设路、府、州、县。元朝在全国共设10个行省，即岭北、辽阳、河南、陕西、四川、甘肃、云南、江浙、江西、湖广。至于山东、山西、河北和内蒙等地，则称为“腹里”，作为中央特区，由中书省直辖。

行省制的确立，从政治上巩固了国家统一，使中央集权在行政体制上得到保证。这是中国政治制度史上的一项重大变革，对后世有巨大的影响。

忽必烈派军渡海征爪哇

元代，在南海诸国中，爪哇（今印尼爪哇岛）力量最强。元世祖忽必烈认为，只要爪哇臣服，其他小国自当称臣。于是从至元十六年（1279年）起，元代不断派遣使者前往爪哇，并要求爪哇国王亲自来朝。至元二十六年（1289年），爪哇国王葛达那加剌将元使孟琪黥面送回。这种侮辱使忽必烈大怒，决意出兵爪哇。

至元二十九年（1292年）十二月，福建、江西、湖广三省军队从泉州出发，向爪哇国进军，次年三月初到达八节涧（今泗水南）。这时爪哇国王被邻国葛郎所杀，爪哇国王的女婿土罕必阇耶攻打葛郎不胜，闻元军至，即遣使以其国山川、户口及葛郎国地图迎降并求救。元军助土罕必阇耶打败葛郎，葛郎国王出降。四月，土罕必阇耶请求回去，以交换降表并准备贡礼随军入朝元帝，元军派兵护送。途中，土罕必阇耶寻机逃走，集结军队袭击元军。元军且战且退，两月后返回泉州。忽必烈这次征讨失败，心有不甘，准备再次发兵，后因病死而作罢。

◎元代战船在海上实战的情形。

元大都城建成

至元二十九年（1292年），历时18年之久的元大都城建成。元代国都大都城，是唐以来中国规模最大的一座新建城市，明清北京城就是在元大都的基础上改建和扩建而成的。

◎元大都（今北京）遗址，蓟门烟树——燕京八景之一。

元大都城的组织建筑和设计者是刘秉忠。他以《周礼·考工纪》关于都城建设为指导思想进行规划修建，是我国封建社会的历代都城中最接近周礼之制的一座都城。《周礼》是儒家的政治思想蓝图，为历代统治者所尊崇。

大都布局接近方形，北面2门，东、西、南三面各3门。都城的布局形制为三重城垣：大城阁、皇城和宫城。皇城周长20里，包括宫城、御苑以及兴圣宫、隆福宫、太子宫和太液池等。宫城在皇城内偏东部，在全城的中轴线上，分为前朝、后宫两部分。社稷坛在皇城以西，太庙在皇城以东，商业活动的市集集中在钟鼓楼一带。这种左祖右社、面朝后市的布局，符合中国传统的都城规划模式。大都城布局严谨，井然有序，有明确的中轴线，以宫城为中心，南起丽正门，经皇城前广场，过棂星门，进入皇城、宫城，直抵皇城以北、位于都城几何中心的中心阁。由此向北，轴线略为西移，通过鼓楼，直达钟楼。

元大都的干道系统基本上是方格网式，整齐方正。南北向道路贯穿全城，东西向干道则受到居中的皇城和海子阻隔，因而形成若干丁字街。中轴线上的大街最宽28米，其他干道宽25米。全城被干道划成方形的街坊，街坊再被平行的小巷划分为住宅用地。坊内小巷称胡同，多为东西向，胡同之间相隔约70米，胡同宽5～7米，胡同内院落式住宅并联建造，每一住宅院落的宅基地规定为8亩。元大都全城被划分为50个坊，坊无坊墙、坊门，不同于唐代封闭式的里坊制。

元大都的水系工程由元代的水利专家郭守敬规划，疏通了东西向的运河（通惠河），另外规划了一条新渠，把北部山区水源及西山泉水引入城市，使大都有充足的用水，并与运河相连通。主要水系有两条：一条由高梁河引水经海子、通惠河通往城东通州；一条由金水河引水入太液池，再流往通惠河，保证宫苑用水。城市的排水，在干道两侧用石条砌筑宽约1米的明渠，将废水通过城墙下预先构筑的涵洞排出城外。

元大都的建成，是城市建设史

上的里程碑。它是我国封建社会最后一座按照预先整体规划平地兴建的都城，也是13～14世纪世界上最宏伟壮丽的城市之一。其规划布局严整，建筑的技术、艺术水平都是当时世界上罕见的。元代统治者为了修建这座规模庞大、辉煌宏丽的都城，调集全国各地大批优秀工匠，一般夫役就近征调，并动用大批侍卫军参加建设；同时，大批西域人也为大都的建设贡献了自己的才华。

◎北京、通县间的通惠河古河道遗迹

京杭大运河全线贯通

至元三十年（1293年），通州至北京的通惠河开通，至此，京杭大运河全线贯通。在此之前，杭州至镇江的江南运河在春秋时已形成，隋代曾大规模整修，是为南北大运河之南段。淮河以北，早期利用泗水通运；南宋时因黄河夺泗入淮入海，改为徐州东南利用黄河河道行运，徐州向北至济宁仍利用泗水作运道。元代至元十八年至二十年（1281～1283年），首先开通了由济州（今山东济宁）到须城安民山（今山东东平西南）的长达150多里的济州河。至元二十六年（1289年），又开通由安民山至临清的会通河。至元二十八年（1291年），在郭守敬的建议和主持下，引大都（今北京）西北白浮泉等诸泉水，经大都西门汇于积水潭，然后再出文明门（今崇文门）至通州（今北京通县）高丽庄入白河，全长164里，称通惠河。这样，从大都经通惠河至通州，再经白河至直沽，然后经御河至临清，继而经会通河、济州河和旧运河连接，而不必再西入河南。

开通后的京杭大运河和隋代大运河相比，缩短了六七百里的路程。它以杭州为起点，以北京的积水潭为终点。全长超过1790公里。经北京、河北、天津、山东、江苏、浙江六省市，把海河、黄河、淮河、长江和钱塘江五大水系连成一个统一的水运网，成为我国古代南北交通的主动脉。

明永乐九年（1411年），宋礼主持重开会通河，筑戴村坝引汶水至南旺向运河南北分水，解决会通河段水

◎元代京杭大运河

源不足的问题，成为运河上最重要的水利枢纽。随后，陈瑄又整修淮扬运河，使运输能力大幅度增加，每年漕运江南粮食400万石至北京。隆庆元年（1567年），为防止黄河泛滥危害运河，开南阳新河，把南阳至留城间的一段从昭阳等湖西移至湖东。万历三十二年（1604年），为避免徐州至宿迁段黄河上的航运困难，开泇河；清康熙二十七年（1688年），从宿迁至清口开中运河，代替此段黄河运道。至此，运河与黄河完全分离，由借黄行运改为避黄行运，京杭大运河最后定型。

元世祖忽必烈去世

至元三十一年（1294年）正月，元世祖忽必烈去世，终年80岁。

忽必烈（1215～1294年），元朝的创建者，拖雷之子，兄为宪宗蒙哥，弟有旭烈兀、阿里不哥。忽必烈为藩王时，就“思大有为于天下，廷藩府旧臣及四方文学之士问从治道”。蒙哥即汗位后，忽必烈总领漠南汉地军国庶事。元宪宗九年（1259年）九月，蒙哥病死于合州（今四川合川）。忽必烈得悉留守漠北的幼弟阿里不哥图谋自立为大汗，采纳儒士郝经建议，轻骑返燕京。次年（1260年）三月，即汗位于开平，建元中统，确立了“祖述变通”的建国方针。同年五月，阿里不哥也在和林称大汗。是年冬，忽必烈亲征和林，至元元年（1264年）始平。至元八年（1271年），他取《易经》“大哉乾元”之义，建国号为大元。次年定都大都。至元十六年（1279年）消灭南宋，统一全国。此后，他接连派兵远征日本、安南、占城、缅甸和爪哇，均遭失败。同时，平定诸王海都和乃颜的叛乱，巩固了西北和东北边疆的统治。忽必烈在位35年期间，注重农桑，兴修水利，并建立了元代的行政、军事、赋税等制度，尤以行省制度影响深远。忽必烈对巩固和发展统一的多民族国家，促进民族文化与中外文化的交流作出了积极的贡献。

◎元世祖忽必烈狩猎图

黄道婆革新纺织技术

南宋时期，棉花才在中原及长江流域推广并逐渐扩大种植，棉花加工业也随之开始起步，但其技术相对比较原始。棉布在中原曾是珍贵之物，大约13世纪末，棉花加工技术开始在长江中下游地区迅速发展起来。而使这一技术迅速发展的原因乃是黄道婆的实践活动。

黄道婆曾在崖州（海南岛最南的崖县）学过先进的纺织技术和棉花加工方法，返乡后将技艺传授给家乡人民，并由此在长江流域扩散，促使这一地区棉纺织技术出现了一次突飞猛进的发展。

长江下游地区最初都是用手除去棉籽，效率十分低下，黄道婆就将造捍、弹、纺、织等一整套纺织技术及织布中使用的颜色搭配、综线挈花等技艺悉心传授。用她的方法织出的各种织物，色彩鲜艳，就像画上去的一样。其所制作的一种棉被，远近闻名，被誉为乌泥泾被。黄道婆所传授的纺织工具，是木棉搅车、木棉弹弓和木棉卷筳3种。

黄道婆的革新使棉纺织生产力大为提高，反过来刺激了棉花种植业的发展，松江一度成为全国的棉纺织业中心。此后，棉织品逐渐普及，成为普通人民的服装材料。

◎黄道婆塑像

文化小辞典

《真腊风土记》

元代海上贸易的发展带动了海上运输交通的发展，在此基础上，出现了一批海上旅游家，周达观便是其中一个。元成宗元贞元年（1295年），周达观被朝廷派遣出使真腊（今柬埔寨），于大德元年（1297年）回国，并著成《真腊风土记》一书。

《真腊风土记》全书共8500字，语句精练，全面反映了当时柬埔寨的政治经济、风土人情、气候物产等各方面情况，具体内容多达40多项，包括建筑、语言、文字、草木、山水、村落、贸易、耕种等，涵括很多连柬埔寨国内都无记载的内容，是现存当时中国人记载柬埔寨情况的唯一著作，因此具有很高的学术价值。国内有多种刊本，国外也有法文、英文、日文等多种译本。

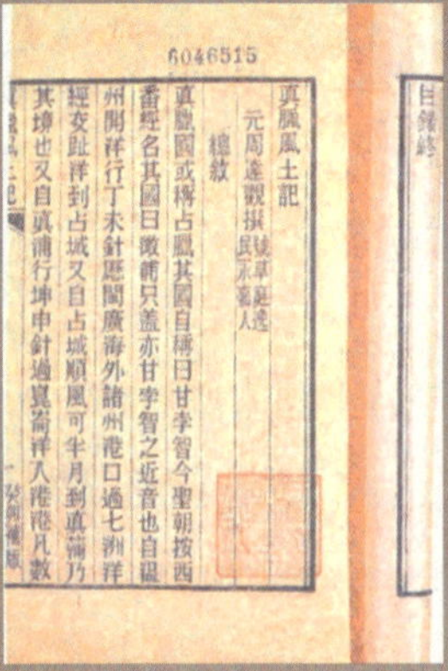
6046515

真臘風土記

元周達觀撰

總敘

真臘國或稱占臘其國自稱曰甘孛智今聖朝按西

番經名其國曰澉浦只蓋亦甘孛智之近音也自溫

州開洋行丁未針歷閩廣海外諸州港口過七洲洋

經交阯洋到占城又自占城順風可半月到真蒲乃

其境也又自真蒲行坤申針過崑崙洋入港港凡數

◎《真腊风土记》书影

逸闻趣事

元第一任天主教大主教来华

至元三十一年（1294年），受罗马教廷派遣，天主教圣方济各会会士孟特·戈维诺抵达大都，开始了他在中国的传教活动。

孟特·戈维诺生于意大利，他在亚美尼亚和波斯地区传教时，了解到蒙古大汗对天主教的尊奉态度，遂携带罗马教廷致蒙古诸汗信件，先后经伊利汗国和印度，最后抵达大都。这时，元世祖忽必烈已逝。嗣位的元成宗铁穆耳接见了孟特·戈维诺，并允许他留居中国传教。元朝皇帝虽然崇尚佛教，但对其他宗教也采取兼容并蓄政策，所以孟特·戈维诺的传教活动受到元朝政府保护。孟特·戈维诺先后在大都兴建两所教堂，用鞑靼文字翻译《新约全书》和《旧约》诗篇。大德十一年（1307年），罗马教皇任命他为大都大主教，并派遣7名教士前来协助他传教。此后他又设了泉州教区，进一步扩大传教范围。

◎钧釉花口双耳驼座瓶

孟特·戈维诺留居大都，直至逝世。他在中国为3万多人洗礼，是罗马教廷派驻元朝的第一任大主教。

《西厢记》完成

元成宗元贞、大德年间，杂剧作家王实甫完成《西厢记》。王实甫，大都（今北京市）人，名德信《西厢记》最早的题材来源于唐代元稹所写的《莺莺传》，不过对它影响最大的是金代董解元的《西厢记诸宫调》，两者在情节上大致相同，但《西厢记》在各个方面都作了进一步加工、发展和提高。

《西厢记》描述的是张生和莺莺为争取自愿结合的婚姻，共同向封建家长作斗争，终于获得幸福的爱情故事。围绕着《西厢记》的主题思想而展开的三对戏剧矛盾，将剧情一次次推向高潮。

《西厢记》的重要成就之一是典型人物的塑造。剧中三个正面人物的唱词，各自带有不同的感情色彩。王实甫在描摹环境、酝酿气氛方面，是元杂剧作者中的高手，他能娴熟地运用前代文学作品里许多广为传诵的诗词来传达主人公热恋的心情。

《西厢记》完成后在大都的舞台上演，并逐渐流行全国，其艺术生命力一直延续到现在。

◎《西厢记》插图

◎《西厢记》插图

王祯发明木活字印刷术

王祯（1271～1330年），著有《农政全书》，是元朝杰出的农学家、机械设计制造家和印刷技术革新家。

北宋毕升发明胶泥活字印刷术后，因成本高昂，直到元代尚未得到推广。当时仍在大量使用雕版印刷术，但这种方法不但费工时，而且所刻雕版一旦印刷完毕大多废弃无用。王祯在毕升胶泥活字印刷的基础上，进行木活字印刷的试验研究，终于取得成功。他所试印的自己纂修的《大德旌德县志》成为中国第一部木活字本方志。

为了提高拣字效率，王祯设计制造了转轮排字盘。另外，他还在《农政全书》中附录《造活字印书法》，详细介绍了他发明的“写韵刻字法”、“锼字修字法”、“作盔嵌字法”、“造轮法”、“取字法”、“作盔安字刷印法”等具体操作。转轮排字法使用起来十分方便，使得木活字印刷在中国古代的盛行程度仅次于雕版印刷。

◎王祯发明的转轮排字盘

此外，王祯在《造活字印书法》中提到“近世又铸锡作字”，这是世界上关于金属活字的最早记载，在印刷史上具有重要意义。

中国文化传入欧洲

在元代，中国文化通过各种渠道传入欧洲，为推动欧洲各国的发展作出了重大贡献。

马可·波罗在游记中介绍了元朝统治下的这个丝瓷之国惊人的财宝和出众的新发明，引起了欧洲人的强烈兴趣，此后来华的意大利传教士和商人日益增多。

随着中国文化的传入，欧洲人学会了使用火药、火器。1388年，英法交战时，法国人在卢昂使用了由一磅硝、半磅活硫磺当火药的铁罐，相当于金人的轰天雷。14世纪，几乎和元末明初在中国战场上大量使用铜制火铳同时，欧洲也迅速采用了这种新颖的管形火器。

中国式网格地图的绘制和航海罗盘的使用，也促使欧洲在13世纪末向绘制精密的实用航海地图大大迈进了一步。1306年，意大利的马里努·萨努图在他绘制的巴勒斯坦地图上使用了经纬线交叉的网格画法。

在元代，最后一股从中国推向欧

◎《秀野轩图》（部分）。朱德润作。所作为朱之好友周景安的住宅。图中用笔疏秀，苍润清逸，设色雅淡，为朱氏的代表作之一。

洲的文化潮体现在油画上。锡耶纳画派的画家西蒙尼·马尔蒂尼所作的壁画《基多里西奥·达·福格利安诺》就吸取了中国山水画的布局，还淋漓尽致地描绘出意大利贵族身穿中国绸缎袍服的画面。

铁穆耳死·大都发生政变

大德十一年（1307年）正月，成宗铁穆耳死于玉德殿，年仅42岁。由于皇太子德寿早亡，皇位空悬，因此成宗之死引发了一系列宫廷流血冲突。

左丞相阿忽台与皇后卜鲁罕密谋，先奉皇后临朝称制，再推世祖之孙安西王阿难答为帝。而右丞相哈剌哈孙则属意于铁穆耳兄的儿子海山和爱育黎拔力八达。哈剌哈孙遣密使北迎海山，南迎爱育黎拔力八达，又收百官符印，封百库。

二月，爱育黎拔力八达与母亲答己到达京师，为抢在三月三日卜鲁罕皇后称制前举事，他们不待海山赶来，便于三月二日由爱育黎拔力八达率兵入宫，擒阿难答，斩阿忽台，自称监国。

◎铁穆耳（成宗）像

爱育黎拔力八达发动政变成功，欲即帝位。而海山听说爱育黎拔力八达自称监国，心颇不悦。他的母亲又劝海山，如他即帝位必将短命早亡。海山认为自己次序居长，理应为帝，于是亲率精兵直趋上都。答己和爱育黎拔力八达自量无力与海山争夺，率众离去。五月，海山赐死卜鲁罕皇后，并诛杀安西王阿难答及诸王明里铁木儿。二十一日，海山在大安阁即位，是为武宗。

元朝划分人为四等

元朝将各族人民划分为蒙古、色目、汉人和南人四个等级，并且规定这四等人在做官、打官司、科举条例和名额诸方面有一系列不平等的待遇。

蒙古族在各等人中名列第一等，是元朝的“国姓”。蒙古人内部也由两部分组成：其一是与成吉思汗皇室出于共同祖先的蒙古人；其二是一般蒙古人。色目人继蒙古人之后名列第二等，主要指西域人，如钦察、唐兀、畏兀儿、回回等。这些人大多属于西北各族，还有些是中亚人。汉人为第三等。汉人也被称为汉儿、乞塔，指淮河以北原金朝境内的汉、契丹、女真等族以及较早被蒙古征服的云南、四川两省人，东北的高丽人也是汉人。南人为第四等。南人也叫蛮人、囊加歹、新附人，指最后被元朝征服的原南宋境内各族。

在元统治者划分的上述四等人中，蒙古贵族最为高贵，享有许多特权；色目人是蒙古贵族统治人民的帮凶；汉人中少数官僚地主被笼络利用，而其余汉人与南人一样处于被奴役的地位；南人处于最末等，其地位还不如汉人。

◎广胜寺明应王殿壁画《后宫奉食》。画面人物神情皆备，发髻、衣饰仍沿袭宋代风格。

逸闻趣事

龚开、郑思肖以画抗元

宋朝灭亡后，有一些文人画家隐居不仕，以绘画表现个人志节，流露对前朝的忠心和怀念，还有对元代统治的不满，代表人物有龚开、郑思肖等。

龚开（1221～约1307年），字圣与，号翠岩，江苏淮阴人，南宋时曾任两淮制置司监，参加过抗蒙斗争。宋亡之后在苏杭间居住，开始了绘画生涯。龚开长于画人马、墨鬼，曾作画论《论画鬼》。他画风怪异，描法粗厚，常在画中渲泄一腔亡国之恨。他画的《中山出游图》卷表达出希望借钟馗之力驱走恶魔，复兴宋室的心愿；又曾画《瘦马图》卷，叹息老无所用，表达壮志难酬的遗憾。

郑思肖（1241～1318年），字忆翁，号所南，福建连江人，宋时曾为太学士，宋亡后绝意仕途，自号所南，寓背离元廷之意。他擅画兰竹，常在画中倾诉对宋朝的思念和亡国的悲愤。他画墨竹大多为晓光淡泊、苍烟数杆的景象，用来勉励自己保持晚节。著有《郑所南诗文集》传世，多表达故国之思。又著《心史》一书，全书深寄亡国之痛。

◎《墨兰图》（卷）。郑思肖作。此图卷绘有兰花一丛，用笔简逸。作者善画墨兰，写兰多露根，不写地坡，隐喻国土沦丧，有天无地，借此表现其爱国情怀。

文化小辞典

元人着“质孙”

“质孙”是蒙古族的庄重服饰，也称“只孙”。蒙古人入关后，质孙被定为天子百官的朝服、祭服，日常也作为蒙古族的服饰。

◎元墓壁画《夫妻对坐图》

质孙在蒙古话中为“颜色”之意，汉人译为一色衣，形制是上衣连下裳，衣式较紧窄，下裳较短，腰间打细折，用红紫帛捻成线横缠于腰，在衣的肩背间贯以大珠。质孙的质料初用毡毳革，后用纻丝金线，有红、绀、紫、绿等颜色，衣服上绣有日、月、龙、凤纹等。元代天子的质孙，冬服有11等，夏服有15等，穿什么衣料、色泽的衣服，就佩戴什么帽子。帽子也视其花样而分等级。百官的质孙冬服9等，夏服14等，也以其衣料与色泽相区别。身着质孙时，腰束革带，百姓则以布条系腰。

大德以后，男子的公服多从汉俗，男子便装更是各从其便。

元杂剧兴起

元代杂剧是在前代戏曲艺术宋杂剧和金院本的基础上发展起来的一种戏剧样式。最初出现大致是在金末元初，其间经历了从不完备到完备的发展过程。杂剧体制的完备、成熟并开始兴盛起来是在蒙古王朝称元以后。到了成宗元贞、大德年间，杂剧的创作和演出进入鼎盛时期。

杂剧最初流行于北方，以大都（今北京）为中心，遍布河南、河

◎杂剧。画面由乐队及舞儿组成。因其中有琵琶出现，说明杂剧发展到元代晚期已有弦乐伴奏。

◎杂剧。画面中5个演员并列一排，形象各异，两侧各有伴奏者2人，展示了早期元杂剧演出的情况和旦末净杂等各种角色。

北。受方言的影响，它有不同的声腔流派。元代文人社会地位低下，迫使一大批文人以杂剧创作谋生，大大壮大了杂剧创作队伍。他们能更深切地感受到人民群众的思想感情和生活愿望，更广泛地接触和了解社会，也大大提高了杂剧创作的质量。

元杂剧在结构体制上一般是一本四折演一完整的故事。杂剧剧本包括唱词与宾白两大部分，唱词是剧本的主体。杂剧一般分为四大类：一是旦，即扮演妇女的角色，女主角叫正旦，其余为外旦、老旦、小旦、贴旦、花旦等；二是末，即扮演男子的角色，男主角叫正末，其余如外末、付末、冲末、小末等；三是净，即扮演反面人物或滑稽人物的角色，有副净、净、丑等；四是杂，指以上三类之外的登场角色。

元代杂剧所反映的社会生活比以前的文学较广泛和深入，社会地位低下的普通人民被写入作品，乃至成为主要的正面人物形象，扩充了宋代话本。

宋学传入日本

13世纪以来，流入日本的儒学典籍日益增多。1211年从中国返回日本的俊芿，随带大批佛典，还有儒道书籍。30年后，日本出现了第一部复刻宋版朱熹的《论语集注》。1235～1241年入宋的日僧圆尔辨园（1201～1280年），带回的典籍中也有很多朱熹的著作。1257年，圆尔辨园又曾在最明殿寺为幕府执政北条时赖开讲《大明录》，开日本禅林讲授宋学之风。1275年他又向龟山法皇介绍三教旨趣，最后编定《三教典籍目录》，为传播宋学立下汗马功劳。

日本宋学的传播，最初以著作刊印的是禅僧的《语录》。1246年从明州天童山启程访日的禅僧兰溪道隆，成为幕府建长寺的开山祖，在日本确立了禅寺的地位，刊有《大觉禅师语录》。1269年到日本的普陀山高僧一山一宁，是奉元成宗之命前往日本的

◎先师庙月台踏跺及焚香炉。两旁蹲坐石麒麟。香炉上立4根绕龙铜柱支撑十字脊歇山顶，后者又立以歇山顶气楼，造型别具一格。

第一位元僧，抵日后在京都、镰仓广开道场，促使日本宋学研究初具规模，开始步入专门著作的途径。传世的有《一山国师语录》。

日本宋学正式得到传扬，并进入研究时期，开始于玄惠法印从中国传入《四书集注》来讲授《四书》。玄惠法印是一名禅僧，富有文学素养，谙熟《资治通鉴》，尊崇程朱理学，被后醍醐天皇（1318～1339年）召入宫廷讲解朱子学，《大日本史》称他首倡程朱之说。玄惠法印讲授的宋学在14世纪蔚然成风，禅林或世俗专讲宋学的代有传人，管原公时、梦岩祖应、义堂周信都用程朱新义讲授《四书》与《尚书》。

◎《云横秀岭图》

马端临著《文献通考》

至元二十二年（1285年）前后，马端临开始编撰《文献通考》，至大德十一年（1307年）方始成书，历时20余年。泰定元年（1324年），《文献通考》刊印于杭州西湖书院，正式面世。

马端临（约1254～1323年），字贵与，饶州东平（今江西乐平）人，南宋右相马廷鸾之子。宋灭亡后，隐居遁世。马端临撰写《文献通考》的目的，在于继承和发展杜佑《通典》开创的典制体通史的事业，并总结理乱兴衰和典章经制的“会通因仍之道”。该书共348卷，计24门，记事起自上古，迄于南宋宁宗嘉定年间（1208～1224年）。

《文献通考》着意于文献。其价值主要在于它在历代制度的荟萃和综统上的会通、该洽，考核、持论上的成就。中国历史上有名的十大通史著作中，以《文献通考》为最优。其中有三方面尤其重要：一是叙述宋代典制最为详尽，不少是《宋书》各志所未能包括的；二是比《通典》详赡，改变了《通典》以“礼”占全书半数的格局而大大充实了所析各门类的分量；三是《文献通考·经籍考》作为一部有相对独立性的辑录性目录书，著录了先秦至宋的各类文献5000种。后人把它与《通典》、《通志》统称为“三通”。

元医疗机构回汉并存

元代的医药学除中医药学外，还有蒙医药学和回回医药学。与此相适应，元医疗机构除沿袭前代有关中药的医事组织外，特置关于回回医药的广惠司和回回药物院，呈现出回汉医事机构并存的局面。

13世纪中叶，随着蒙古军队西征的胜利，中东一带相继被蒙古占领。不少阿拉伯医生相继来华行医施药，回回医药学也逐渐流行开来。于是，元世祖于至元七年（1270年）在太医院成立以阿拉伯医生为主的官方医疗

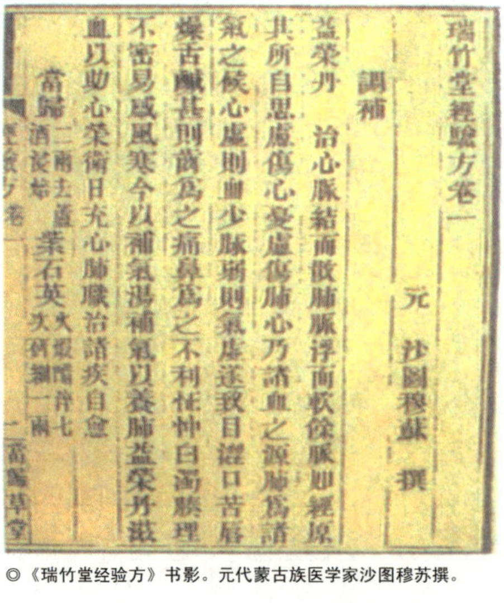
瑞竹堂經驗方卷一
元 沙圖穆蘇 撰
調補
益榮丹 治心脈結而散肺脈浮而軟候脈即經原其所自思慮傷心憂慮傷肺心乃諸血之源肺為諸氣之候心虛則血少脈弱則氣虛遂致目澀口苦脣燥舌鹹甚則齒為之痛鼻為之不利怔忡白濁腠理不密易感風寒今以補氣湯補氣以養肺益榮丹滋血以助心榮衛日充心肺臟治諸疾自愈
當歸酒浸焙二兩去蘆 紫石英火煅醋淬七次研細一兩

◎《瑞竹堂经验方》书影。元代蒙古族医学家沙图穆苏撰。

组织——广惠司，为皇室及在京的回回人调制回回药物及提供回回医疗。至元二十九年（1292年），元政府在大都和上都又各设一座回回药物院，归广惠司管辖。在中国古代医事机构设置史上，专门为中医以外的医学建立组织，这是仅有的一次。

元朝官方医疗机构拥有当时精通医术的各族医生，如太医院的蒙古族医生忽思慧、汉族医生许国桢。此外，广惠司拂林（今阿拉伯叙利亚共和国西部）人爱薛长期在中国医政机构中担任要职，为回回医药在中国的传播作出了卓越贡献。

元英宗行新政

元朝英宗即位之初，世祖以来长期形成的政治、经济、社会积弊日益暴露、激化。鉴于此，英宗决心励精图治，“一新机务”，但却遭到太皇太后、右丞相等贵族保守势力的阻挠。至治二年（1322年）八九月，右丞相铁木迭儿与太皇太后相继病死。十月，英宗抓住时机，命拜住升任中书右丞相，不再设左丞相，以示信任。其后，拜住全力襄助英宗，进行了一系列新政改革。

第一，全面升任汉人官僚，录用儒士。第二，裁撤机构，减汰冗官冗

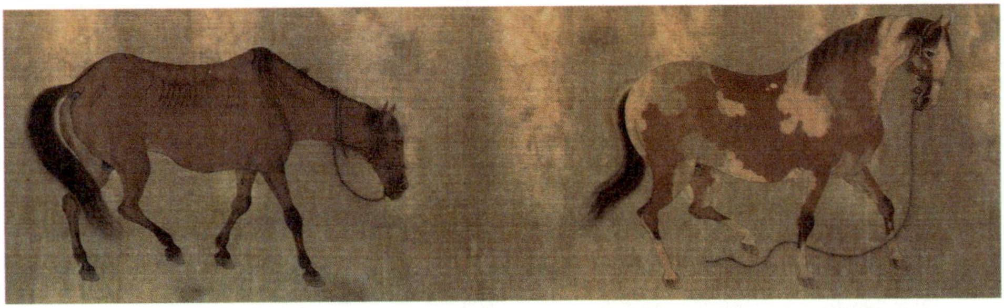

◎《二马图》，此图用笔简劲有力，画风细腻，设色明丽，是任仁发别具匠心的优秀之作。

职。第三，推行助役之法。第四，减轻徭役。第五，颁布新律法《大元通制》。英宗行新政的目的是为了改革积弊，其核心内容就是“行汉法”，以汉族传统的统治方式治理汉地。但新政触犯了大多数保守的蒙古色目贵族的利益，引起了他们的恐惧与反对。新政仅仅进行了几个月，便随着英宗的遇刺而结束。

元英宗制定元律

至治三年（1323年），英宗命人以仁宗《风宪宏纲》为蓝本，制定《大元通制》，同年二月颁行天下。这是元代制定的最为完整、系统的法典，是元代法律的代表作。

《大元通制》共2539条，其中条格所占篇幅最多，主要是皇帝亲自发布，或直接由中书省等中央行政机关颁发给下属部门的政令。断例即为律文，篇名与唐律完全相同，作用是供查考、参照或修史之用。

具体内容上，《大元通制》主要有三方面规定：一是从法律上肯定了民族歧视、压迫政策。如蒙古贵族可以占有大量奴婢；汉人若殴打或打伤蒙古人与色目人，即使有理也要被处死刑等。二是确立了佛教僧侣在法律上的特殊地位。各宗教教派及教士、神职人员在司法管辖上有相对独立的权力，并在经济上给予佛教寺院大量特权，保护其经济利益。三是确立元代的刑法与诉讼法制度。元代继续沿袭唐宋以来的封建五刑体制，不过稍加变动。五刑即笞、杖、徒、流、死五等刑罚。诉讼制度开始形成程序和规范，并在法律中确认下来。

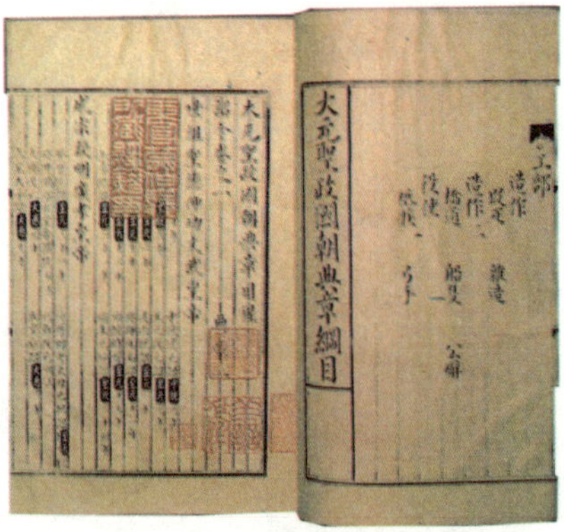

◎《元典章》（清代影抄元刻本）

分室龙窑出现

随着元代陶瓷业的巨大进步，人们对窑的改造极为关注，分室龙窑的出现就是其中的杰出代表。

分室龙窑由宋代产生的通间式龙窑发展而来，升温和降温都较快，可创造出还原性气氛，宜于烧制薄胎和石灰釉瓷器，产品光泽较好，透明度较高，釉色纯美晶莹。同时又克服了通间式龙窑的一些缺点，以适应时代的生产特点。分室龙窑俗称鸡笼窑，最早见于宋代广东潮安，元代时在福建德化得到进一步发展，它是依山坡的上升之势而建造的，窑身长而宽大，窑内砌有隔墙，将其分成若干个上下衔接的窑室，隔墙上抵窑顶，下部是一排通火孔，每室的前端隔墙处留有一个燃烧空间，供燃烧木柴并设有窑门。隔墙起到挡火作用。1976年，福建德化发掘的斗宫窑遗址就是这种窑的代表。

◎表白釉狮尊

分室龙窑的出现适应了元代瓷器生产的时代特色，成为明代阶级龙窑的前身，也是从宋代通间式龙窑向明代阶级龙窑转变的一种过渡形式。

棉花开始推广

宋末元初，新疆种植的一年生草本非洲棉经过河西走廊到了陕西，后来又移植到河南，并开始得到推广。元初官修的《农桑辑要》是我国较早的植棉专论之一。

在江南地区，南宋末年则已有不少地方植棉花，且是一年生的木棉。据王祯《农书》，这种木棉来自海南。到元代，棉花在长江流域已有很广泛的传播。至元二十六年（1289年），元政府分别在浙东、江东、江西、湖广、福建等地设置木棉提举司，每年向民间征收棉布10万匹。元贞二年（1296年），元政府又规定木棉、布、丝绵、绢四项都列为江南夏税的内容。这说明棉花在元代已广泛地在长江流域种植，甚至已在经济生活中占有一定的比重。王祯的《农书》，在《百花谱》中专列“木棉”条，进一步系统总结了元代植棉技术经验。

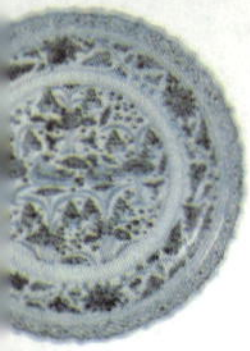

◎王祯《农书》所绘《耕织图》中的缫丝图

青花技术的兴起

青花是用氧化钴作颜料，在陶胎上描绘纹样，然后上透明釉，白地蓝花，属釉下彩绘。元代青花技术的兴起，是我国陶瓷史上的一件大事，具有划时代意义。

由于战国墓出土的陶胎琉璃珠上已有一些蓝彩，据此推测，这时的陶器可能已使用了钴料着色剂。同时，西亚地区盛产钴料，早在9世纪这些地区就烧制出简陋粗糙的青花，而元西征俘获的大批回族工匠被编入官

◎元釉里赭花卉纹神座

◎元釉里红松竹梅纹玉壶春瓶

◎元代青花釉里红开光镂花盖罐，纹饰使用了绘、镂、雕塑、堆贴等多种手法，立体感很强，且色泽明快。

◎元青花鸳鸯莲纹盘

营手工业作坊并作为骨干力量，这些都是元朝青花技术兴起并成熟的重大因素。

元代的青花瓷器物品种多样，有盘、瓶、香炉、执壶、罐、碗、杯等，其中以大盘较多。纹饰多取材于元代服饰，常见的有菊花、莲花、牡丹、竹、芭蕉、鸭、鸳鸯、鹿、麒麟等。突出特点是胎体厚重，装饰图案繁复，纹饰层次多，如折沿大盘，盘沿多绘海水或斜方格，或卷枝、缠枝花纹；盘里绘缠枝或折枝花卉；盘心画莲池鸳鸯或鱼藻、凤凰、花卉、鹭鸶、麒麟、海水云龙纹等。

由于青花料的着色力强，呈色比较稳定，色彩鲜艳明丽，对窑内气氛不很敏感，烧成范围较宽，又是釉下彩，纹饰永不褪色，白地蓝花，明净素雅，因而深受国内外人士青睐，一出现就获得了世界声誉，很快发展成外销品和国际市场上的俏销货，还返销到青花的原产地西亚伊斯兰地区。从此，中国青花几乎成为中国陶瓷的代名词，影响十分深远。

元代青花技术的兴起以及由此产生的彩釉技术的成熟，奠定了景德镇造瓷工艺在世界陶瓷史上的地位，为瓷器工艺美术写下了灿烂而辉煌的篇章。

小辞典 人物

《潼关怀古》之张养浩

张养浩（1270～1329年），字希孟，号云庄，济南人。著有散曲集《云庄休居自适小乐府》传世。据《全元散曲》所辑，今存小令161首，套数2首。历任翰林学士、礼部尚书、参议中书省等职。因父老辞官，屡召不赴。文宗天历二年（1329年），关中大旱，特拜为陕西行台中丞，前往救灾，到任不过4月时间，终因劳瘁去世。

张养浩对人民疾苦深表同情，做官时敢于直谏，为抗旱救灾身体力行，这种关怀下层劳动人民的高贵品质也时常出现于他的散曲作品之中。其中最重要、最出色的散曲作品当推他创作的《潼关怀古》：“峰峦如聚，波涛如怒，山河表里潼关路。望西都，意踌躇，伤心秦汉经行处，宫阙万间都做了土。兴，百姓苦；亡，百姓苦。”

◎我国现存最完整的阶梯式漏壶，铸造于元延祐三年（1316 年）。全套共 4 壶，各壶大小不一，容量由上而下逐个缩小，分为日壶、月壶、星壶、受水壶。日壶外侧铸有元延祐铭文。

文化小辞典

道教建筑的典型代表——永乐宫

永乐宫是元代道教全真教的三大宫观之一，原位于黄河边的永乐镇，传说八仙之一的吕洞宾就在这里出生。

永乐宫沿中轴线依次布置宫门、龙虎殿、三清殿、纯阳殿、重阳殿。三清殿建筑最为宏伟壮丽，殿中奉祀三清神像。无极门又称龙虎殿，原为永乐宫的宫门。纯阳殿又名混成殿，内有吕洞宾像，故又称吕祖殿。最后是纪念全真教祖师王重阳和他的弟子的重阳殿，也称为七真殿。纯阳殿和重阳殿壁面均分别绘制关于吕纯阳、王重阳的生平故事的壁画。

永乐宫在建筑上和艺术上均取得了巨大成就。一是它在总体布局上突破了中国古代建筑的廊院式结构，在同一条轴线上布置殿堂，使空间关系主次分明。二是它采用了减柱法等革新手法，扩大了建筑空间，对明清的建筑技术产生了重大的影响。三是它的殿中保存了大量元代创新的彩画。四是各殿中共有960多平方米的巨幅壁画，论题材及色彩在建筑史、绘画史中都极为罕见。

◎永乐宫壁画，朝元图——举笏太乙。在众多人物肖像画中，此太乙最为形神兼备，他侧身倾首，双手举笏齐眉似在听候吩咐。

◎永乐宫壁画，朝元图——奉宝玉女。玉女极具温柔娴雅的神韵，服饰高贵富丽，面部和衣纹的线描疏密有致。

南坡政变·泰定帝即位

英宗推行新政，引起蒙古色目贵族中保守派的不满。至治二年（1322年）十二月，拜住以刘夔献田贪污事件为由，大开杀戒，打击保守派政敌。以御史大夫铁失、知枢密院事也先贴木儿等为首的保守势力感到末日来临，决定谋刺英宗，事成后推镇守漠北的晋王也孙铁木儿为皇帝。次年八月五日，英宗从上都南还大都。当晚驻跸于南坡（今内蒙古正蓝旗东北）。铁失、也先贴木儿等趁英宗熟睡之机，以阿速卫兵为外应，发动政变。铁失手弑英宗于卧床之上。此即“南坡政变”。

九月四日，也孙铁木儿即皇帝位于龙居河（今克鲁伦河），封也先贴木儿为中书右丞相，倒剌沙为平章知事，铁失为知枢密院事。之后，诸王买奴建言：“不诛元凶，则陛下善名不著，天下后世何由而知陛下心？”十月，也孙铁木儿遂派遣使者至大都（今北京），以即位告天地、宗庙、社稷，并诛杀铁失、也先贴木儿、完者、锁南等参与事变的官员。十一月，也孙铁木儿到达大都。十二月，继续清除铁失逆党。诏改次年（1324年）为泰定元年，史称也孙铁木儿为泰定帝。泰定帝在位仅5年，致和元年（1328年）七月，病死于上都。

元明宗被毒死

天历二年（1329年）八月，元明宗被图帖睦尔与燕铁木儿毒死。图帖睦尔第二次即帝位。

图帖睦尔、燕铁木儿打败上都后，表面上奉漠北的元明宗为皇帝，暗中却策划代立的计谋。天历二年正月，元明宗即位于和宁之北。二月，图帖睦尔在大都册立弘吉部人卜答失里为皇后，给自己继续为帝作准备。三月，图帖睦尔派燕铁木儿等奉皇帝

◎《大驾卤簿图》卷（部分），曾巽申（1282～1330年）所作。此图工笔绘人物车骑。凡仪仗部伍导从，依卤簿阵势，均右向排列，作前进状。画幅中有分段说明题记，记载兵官品制、名数并有考证。不同仪仗之近旁题榜标名。

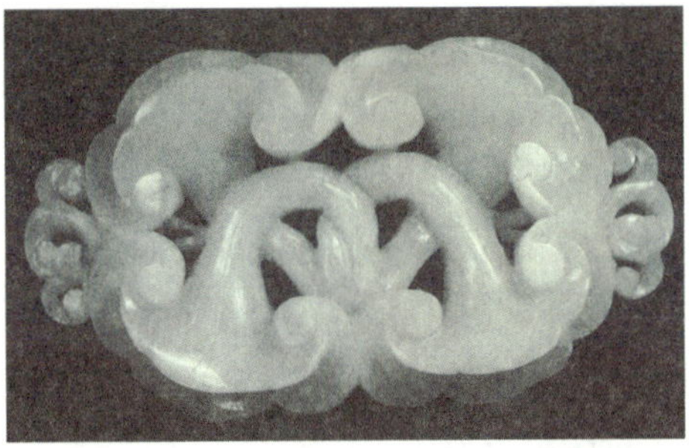

◎元玉凌霄花嵌饰

玉玺北上迎明宗，对外声明国家政事皆需派人北上请明宗决断。四月，燕铁木儿见明宗，率百官奉上皇帝宝玺，明宗乃命其为中书右丞相，又遣使者前往大都，立图帖睦尔为皇太子。

五月，图帖睦尔从大都北上迎接明宗。毫无戒备的明宗率群臣由漠北南下，并于六月诏谕中书省臣，凡国家钱谷、诠选等政事，先报皇太子而后奏闻。八月明宗到达王忽察都，图帖睦尔前来会见，并与燕铁木儿毒死明宗于行殿，然后赶至上都。九月，图帖睦尔重新即位于上都。

小辞典 文化

提倡营养学和饮食卫生的《饮膳正要》

元至顺元年（1330年），蒙古族著名医学家忽思慧总结多年宫廷饮膳经验，撰成《饮膳正要》。这是我国现存最早的古代营养学专著，所载食方和药方至今仍有较高的参考价值。

该书共3卷，记录了多种元代宫廷膳食。食品来源包括汉、蒙、突厥、阿拉伯、波斯等地。卷1首先概述了养生避忌、妊娠食忌、饮酒避忌等。卷2为诸般汤煎、神仙服食方、四时所宜、食疗诸病、服药食忌、食物中毒、禽兽变异等。卷3分米谷、兽、禽、鱼、果、菜、料物诸品共230多种食物，介绍其性味、良毒、功效主治、宜忌。所载物品多为北方所产。

《饮膳正要》论述的内容几乎涉及现代营养卫生学的各个主要方面，主张防病、治病首先要注重饮食卫生和饮食习惯。书中首先提出“食物中毒”一词并专篇论述，为研究我国古代营养学以及蒙古族饮食卫生习惯提供了丰富的史料。

◎《饮膳正要》中的一幅食疗图

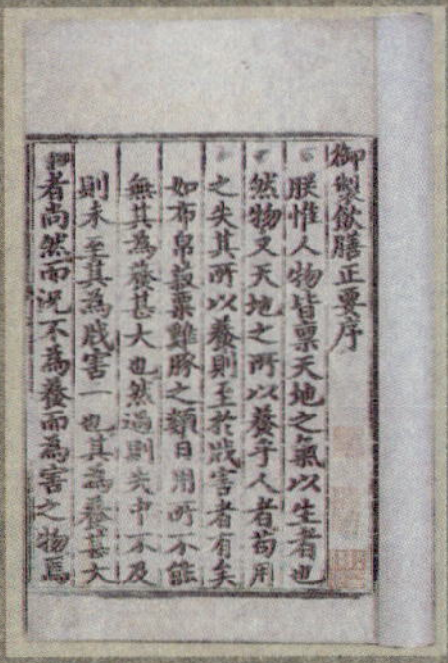

御製飲膳正要序
朕惟人物皆禀天地之氣以生者也
然物又天地之所以養乎人者苟用
之失其所以養則至於戕害者有矣
如布帛菽粟雖豚之類日用所不能
無其為養甚大也然過則失中不及
則未至其為戕害一也其為養甚大
者尚然而況不為養而為害之物焉

◎《饮膳正要》书影

小人物辞典 诗画自成一格的王冕

王冕（？～1359年），字元章，号煮石山农，会稽（今浙江绍兴）人，元代诗人、画家。王冕的诗画所取得的思想和艺术成就都很高，而且自成一体，风格独具。

王冕是元代画墨梅最有新意，成就最高的画家，他画梅学习了宋华光和尚与扬无咎，后自成一体，创“以胭脂作没骨体”，又创“密梅”的新画法，撰有《梅谱》，详论画梅渊源和画法要点，后人画梅多从中吸取有益之法。他的传世作品有水墨点瓣和白描圈瓣二体，前者以《墨梅图》卷为代表；后者以《墨梅图》轴为代表。

王冕出身农家，在元末阶级矛盾日益尖锐的情况下，还写了许多反映社会现实的诗。其诗作集中保存在《竹斋诗集》（4卷）及附录（1卷）中，他的诗风质朴豪放，善于运用对比手法，在元代诗歌中属上乘之作，如《白梅》、《江南民》等，是其代表作。

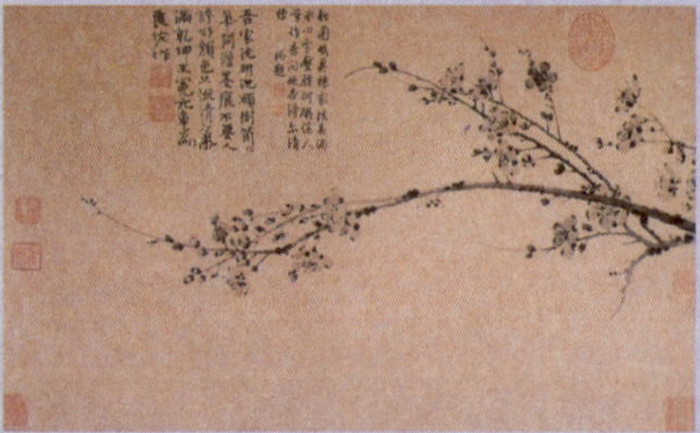

◎王冕的《墨梅图》卷。此卷画一枝报春的梅花，花瓣用墨染成。全画生机盎然，清新悦目。

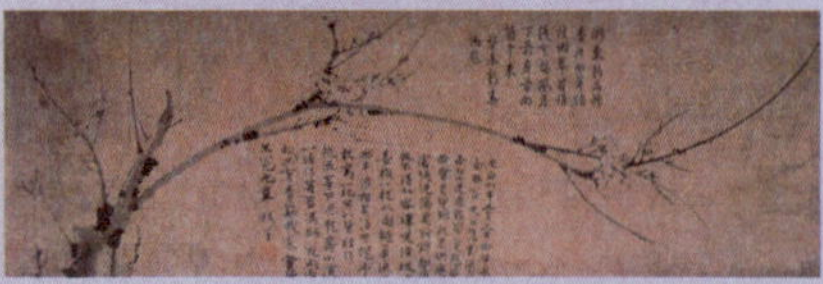

◎王冕的《墨梅图》卷。写出野梅清疏的风姿，笔墨精炼蕴藉。梅花的画法，发挥了杨无咎“笔分三真趯攒成瓣”的圈花法，改一笔三顿挫为一笔二顿挫，花须花衣随意点簇，颇为洒脱。

燕铁木儿权倾朝野

燕铁木儿，钦察人。致和元年（1328年）七月，泰定帝在上都去世。燕铁木儿在大都发动政变，迎立武宗次子图帖睦耳为帝，是为文宗。文宗对其加封三代，命礼部撰文立石以昭其勋。至顺元年（1330年）五月，文宗下诏授予燕铁木儿开府仪同三司、上柱国、太师、太平王、答剌罕、中书右丞相，记载军国重事，监修国史，管领与调度燕王宫相府事，任大都督并管领龙翊亲军都指挥使司之事等。“凡号令、刑名、选法、钱粮、造作，一切中书政务，悉听总裁”，规定一切闻奏，先报燕铁木儿。并把左丞相伯颜改任知枢密院事，中书省不再设左丞相，由燕铁木儿独专相权。至顺三年（1332年）二月，文宗再命燕铁木儿兼奎章阁大学士，管领奎章阁学士院事。燕铁木儿一时权倾朝野，挟震主之威，肆无忌惮。

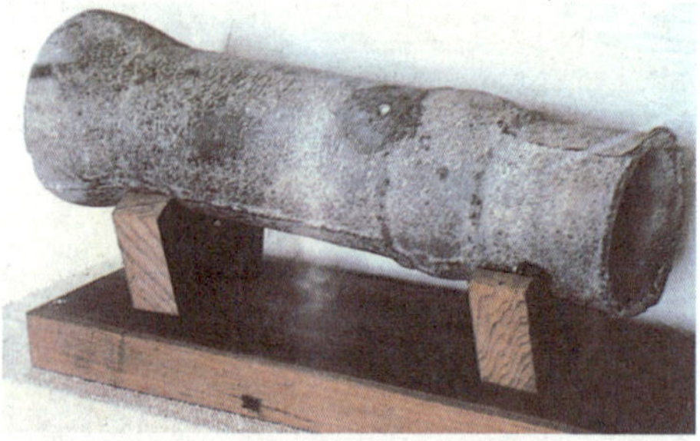

◎最早的火铳。铳身铸有“声震九天，射穿百步，至正辛卯”等铭文。

元顺帝即位

图帖睦耳（即文宗）于天历二年（1329年）毒死兄长明宗，重占帝位后，把明宗长子妥懽帖睦尔流放外地，与世隔绝。至顺三年（1332年）八月，文宗在上都去世，死前仍后悔毒死明宗，遗诏皇后立明宗之子为帝，其后再传位于自己亲子燕帖古思。十月，明宗次子懿璘质班即帝位，是为宁宗。十一月，宁宗在位43天后驾崩，年仅7岁。燕铁木儿请立文宗之子燕帖古思，文宗后卜答失里不允，于是遣中书右丞阔里吉思前往静江迎接妥懽帖睦尔。妥懽帖睦尔至良乡（今北京西南良乡镇），燕铁木儿具体陈述了迎立之意，妥懽帖睦尔因年幼，且畏惧他，一无所答。燕铁木儿疑心妥懽帖睦尔知道当年自己参与谋害明宗之事，深恐一旦他继位会于己不利，故迁延数月，不使妥懽帖睦尔即位。不久，燕铁木儿死，文宗后卜答失里才与大臣们商定立妥懽帖睦尔，并仿照“武宗、文宗故事”，协定妥懽帖睦尔死后，传位给燕帖古思。至顺四年（1333年）六月八日，妥懽帖睦尔即位于上都，是为顺帝，改年号元统。

◎宁宗懿璘质班像

诉讼制度成熟

元代以前，从没有将“诉讼法”作为一个独立的法律门类。北齐时，《斗讼律》才真正涉及诉讼法，但仅是《斗律》的附件。隋唐法典袭用北齐“斗讼”之名，虽涉及诉讼法，但诉讼仍不占突出地位。

到了元代，《诉讼》已在法律体系中独立成篇。元代诉讼制度成熟主要体现在以下几方面：首先，元代法律规定，告状人必须在抬头注明姓名，署明写状年、月、日，写明所告事由。明确了书写诉状的格式，使法律文书规范化。其次，民事诉讼与刑事诉讼开始出现分离趋势，如对民事诉讼的当事人一般不许羁押。再次，代讼在元代也开始制度化。法律规

◎蓝釉白龙纹梅瓶

◎元代道观永乐宫壁画《乐队演奏》

定，老、少、残疾人可请他人代诉。最后，为调整不同民族、身份、户籍以及僧侣之间的刑名词讼，元政府制定了由不同当事人的直属上司会同地方官共同审理案件的“约会”制度。

元代诉讼制度的程序化与规范化，结束了中国法律文明发展史上只有实体法而无独立程序法的时代，是蒙古族对中华法律文明发展的一大贡献。

新乐器传入中原

元代的乐器一方面继承了宋代、金代已有的种类，一方面又出现了一些新的乐器，著名的有火不思、七十二弦琵琶、兴隆笙和渔鼓、简子等。

火不思是一种弹拨乐器，其名称源于突厥语的音译。据传在汉代就已传入中原，但流行是从元代开始的。元代也有人记述它是从回回国（今俄罗斯咸海之南一带）传入的。这种乐器至今仍在甘肃、内蒙古、云南丽江流传。

七十二弦琵琶也是弹拨乐器，元朝时原在南亚西北部和西亚北部一带流行，于成吉思汗之孙旭烈兀建立伊利汗国以前西征时传入中国。七十二弦琵琶是元代根据其弦数拟定的汉文名称，与现在新疆维吾尔族乐器卡龙的形制很相似。

兴隆笙是西方风压管风琴传入我国后，经改制重新命名的一种乐器。相传是中统年间（1260～1264年）回回国进奉的一件乐器，后由乐官郑秀

◎缂丝杏林春燕图轴

改制成兴隆笙，并分定了清浊音律。兴隆笙当时是起导乐作用的重要乐器，主要在宫廷宴乐上使用。

渔鼓和简子是两种常常合并使用的击节乐器，在乐队中由8名妇女演奏。这两种乐器至今仍在流传，简子现称为简板。

元代新出现的乐器对后世乐器的发展产生了很大的影响，在音乐史上占据着重要的地位。

元织金技术空前发展

以金缕或金箔切成的金片作纬线织花，使织物呈现金属光泽的技术，称为织金技术。

元朝统治者喜欢将织金织物作为其服饰的首选衣料。元人在武力征服欧亚广大地区后，通过战争掠夺、海外贸易和发行纸币的方式获得了大量的黄金，为织金业提供了充足的原料。此外，元朝在掠夺战争中俘获了大批织金技术方面的工匠，促进了中国传统纺织工艺与西域金绮工艺的一次大规模交流和融合。

织金锦又称纳石矢，原产波斯，包括加金锦和加金锻。西域的金绮匠人在官营作坊中传授技术。在当时的生产条件下，捻制金线的工艺须通过极为细致的十几道工序，才能将其加工成0.2～0.5毫米宽的片金线，进而捻成金线。其织金锦的织法、纹样和风格深受西域的影响。

元代的织金技术以织金锦为代表，显示了染织技术的最高水平。这一技术的空前发展再一次说明中外科技交流是促进技术进步的一个重要因素，元代织金技术的空前发展正是这一交流的结晶。

壁画创作达到高峰

元代的壁画创作达到了前所未有的高峰期，壁画作品大量涌现，主要有宗教壁画、墓室壁画和宫室宅第壁画几种，其中水平最高、数量最多的是宗教壁画。

元代统治者对各种宗教均采用包容的政策，利用宗教来维护其政权，热衷于修功德，作佛事，建庙宇，其中全真道教和佛教占主要地位，道观佛寺的兴建藻绘非常隆盛。在佛道相互影响、渗透的情况下，寺观壁画更加丰富多彩。

山西省保存下来的元代寺观壁画为全国之冠。其中成就最高的是山西芮城的全真教永乐宫壁画，这里的壁画和山西稷山兴化寺的《七佛图》一样，均为山西民间画家朱好古、张伯渊、张遵礼、田德新、李弘宜、王士彦和洛阳画家马君祥、马七等所绘。此外，山西稷山青龙寺、兴化寺、山西洪洞县的广胜寺、水神庙壁画也很有成就。

元时除民间画家创作壁画外，文人士大夫画家有时兴之所至也为寺庙创作一些非宗教内容的壁画作品，如赵孟頫、管道升夫妇在归安天圣寺作壁画山水、竹石，时称“二绝”。王冕曾在山阴蜀阜寺作壁画梅等。

◎山西广胜寺水神庙明应王殿壁画——圆林梳妆。线条苍劲有力，画面富丽深厚、深沉古朴。

此外，敦煌莫高窟和榆林窟也保存了部分佛教壁画。莫高窟第3窟中绘制着精美的密宗壁画，主要作品是绘于南、北二壁的千手千眼观音，手的姿态变化万千，衣纹潇洒活泼，是壁画中的精品。

除宗教壁画外，在山西、内蒙、辽宁等地还发现了大量的元代墓室壁画，表现了蒙古族特有的生活内容，壁画山水有五代、北宋遗意。其中水平最高、最有代表性的是大同市冯道真墓壁画。

元代在宫殿、衙署、宅第绘制壁画的风气也很盛行，唐棣就曾在嘉熙殿创作壁画。

元代壁画对当时及后代的美术创作都有深远的影响。

◎山西汾阳五岳庙水仙殿壁画《水仙出行图》。水仙位于正前方。

脱脱主修辽、宋、金史

至正三年（1343年）三月，顺帝诏修辽、金、宋三史，总裁官由中书右丞相脱脱担任。撰写工作实际由欧阳玄具体操办。纂修人员中有汉族、畏兀、蒙古等民族的学者，开创了各族史家合作修史的先例。这次修史解决了编史的体例问题，决定三国各为正统，按其年号三史分修。

《辽史》是记载以契丹族为主体而建立的辽朝的纪传体史书，包含本纪、志、表、列传及国语解。其中志和表最有特色，叙述了辽社会组织和军事组织。而《国语解》则对契丹族姓氏、称谓、官制、地名、部族名等均有解释，有助于研究契丹语言文字。《辽史》所载过于简略，篇幅很不相称，且成书仓促，因而史料未融通，重复缺谬之处甚多。

《宋史》则因元代保存了宋代历朝实录、国史和各种已成书的史料以及典章制度、地理书籍、宋人笔记、文集等，较为充实。书中有关北宋记载较详，南宋则较简略。

金朝比较注意修史，诸帝都有《实录》，此外还有《国史》，以及刘祁、元好问的著述中也保留了大量史料，因此，《金史》史实较完备，再加上编写得体，是三史中修得最好的一部。

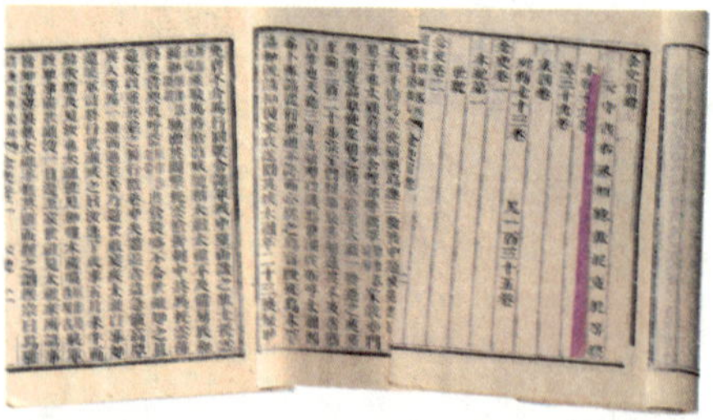

◎《金史》

朱丹溪创中医滋阴学派

朱丹溪（1281～1358年），即元代名医朱震亨，因居住地有小河“丹溪”，故被尊称为“丹溪翁”，是金元四大家之一。30岁时因母亲生病开始研读《黄帝内经》，35岁师从朱熹四传弟子许谦研习理学，后一心致力学医，于43岁从学于名医罗知悌门下。

朱丹溪中医学理论主要内容有：①阳有余阴不足论。旨在强调抑制相火，保护阴精，却病延年。②相火论。相火论与阳有余阴不足论共同构成其滋阴降火学说的理论核心。相火变动的主要原因是色欲过度、情态过极、饮食厚味，结果伤阴耗精，变生了多种疾病。③火证论治，倡导滋阴降火，并创制了大补阴丸等著名方剂。④杂病论治，提倡气血痰郁辨证治疗。⑤批评了宋元之交形成的“局方之学”，主张临病开方，重用养阴补血之品，反对过用辛燥之品和不问病由据证验方的医风。

朱丹溪常援引理学解说医理，从而开理学渗入医学的先河，并形成滋阴学派，对后世影响较大。

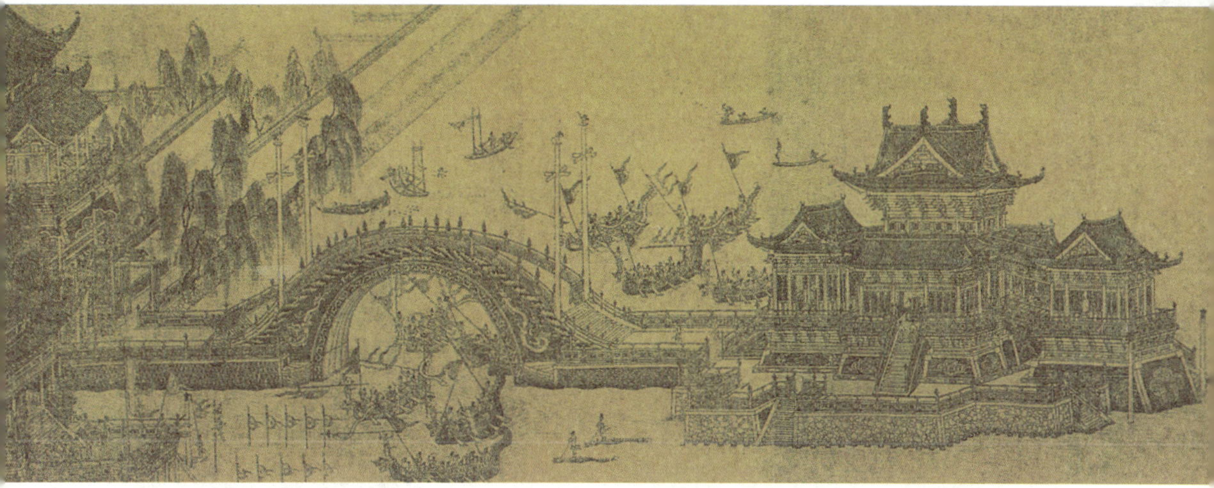

◎王振鹏的《龙舟夺标图》，以长卷的形式描绘人们划龙舟的情景，场面宏大，人数众多。

文化小辞典

全真教极盛

全真道兴于金，而盛于元。王喆死后，七大弟子弘扬全真教义，光大道门，形成若干道内教派。马钰创遇仙派，刘处玄创随山派，丘处机创龙门派，谭处端创南无派，王处一创萮山派，孙不二创清静派，郝大通创华山派，其中以丘处机及其创立的龙门派对全真道发展的贡献最为突出。

◎祖庵碑林——全真教创始人王重阳在陕西户县城西的故居。元时曾称重阳宫。

丘处机是全真七真中最负盛名的高道，他在世之日，全真道的发展达到顶峰。元太祖曾命丘处机掌管天下道教，诏免道院和道人的一切赋税差役，并先后在燕京建立“平等”、“长春”、“灵宝”等八会，一时教门大兴。丘处机之后，全真道历任掌教尹志平、李志常、张志敬、祁志诚等，皆得元室所赐真人号，多出任玄教大宗师。

全真兴盛之后，初期清净俭朴、苦修厉行之教风渐渐改变，而以华贵为荣，道观极其壮丽，道首奢侈腐化，结纳权贵，与世俗之浊风卑行同流合污。元末，全真道虽然继续延流，但其教誉已经大为跌落。

“荆刘拜杀”

◎以隐士乘槎为外形的银酒器（银槎）

元代戏曲除杂剧外还有南戏。南戏起源于宋，元后期发展到了顶峰。

“荆刘拜杀”是元末四大南戏《荆钗记》、《刘知远白兔记》、《拜月亭》和《杀狗记》的合称。《荆钗记》叙述钱玉莲与贫困书生王十朋被拆散，于是王立志终生不娶，钱决意终生不嫁，数年后两人重逢的故事。全剧歌颂了王钱二人矢志不渝的爱情。《刘知远白兔记》叙述后汉开国皇帝刘知远娶三娘为妻后从军，功成名就，李三娘忍辱负重产子并送往军营。16年后，其子追捕白兔而遇三娘，母子夫妻团圆，表达了刚强不屈的李三娘形象。《拜月亭》叙述兵部尚书王镇之女瑞兰与书生蒋世隆被父母强行拆散，瑞兰返家后祈祷月亮，望夫妻团圆，后蒋考中状元遂以成愿的故事。全剧提倡不以贫富为转移的婚姻观。《杀狗记》叙述财主孙华之妻杨月华设杀狗之计，规劝听人挑拨将胞弟赶出家门的丈夫珍惜兄弟之情，使他们和好如初的故事。剧本警告世人不可滥交朋友，具有一定的社会意义。

赵孟頫与黄公望

南宋山水画之变，始于赵孟頫，成于黄公望，遂为百代之师。他们彻底改变了南宋后期院画陈陈相因的积习，开创元一代山水画新风。

赵孟頫是元代画坛的中心人物，他的绘画实践和艺术主张集中体现了元代文人画在继承宋、金基础上的新发展，对当时和后世绘画都有巨大的影响。尤其是江南画坛，受他影响的山水画家更是为数众多，有的得到他亲授，有的受他的举荐而入仕，如曹知白、朱德润、唐棣等，在传承北宋李成、郭熙的笔墨和艺术风格上取得了突出的艺术成就。

黄公望（1269～1354年），字子久，号一峰，江苏常熟人，少有神童之誉。他雅好书画、音律和散曲，尤以山水画冠绝一时，晚年成为元山水画最负盛名的一位。黄公望在《写山水诀》中总结其绘画经验和理论，对明清山水画的创作有深远的影响。他的艺术风格受到明代董其昌的极力推崇。黄公望的画今传有《富春山居图》卷、《天池石壁图》轴、《九峰雪霁图》轴和《玉树丹崖图》轴等，其中以《富春山居图》卷最为著称，此画描绘了百里富春两岸的深秋风光，呈现出空旷渺远的艺术境界，是黄公望水墨山水画的杰作。

◎黄公望的《富春山居图》卷（部分）

◎赵孟頫的《红衣罗汉像》卷

刘福通红巾军起义·建号大宋

元朝后期，政治日益腐败，土地兼并严重，地主阶级对农民的剥削越来越苛刻，阶级矛盾迅速激化，再加上黄河决口、山崩、大旱等天灾不断出现，反元起义一触即发。

至正十一年（1351年），韩山童利用白莲教发动起义。他派教徒在治河民工中活动，在黄河故道预先埋下一个独眼石人，然后到处宣传："石人一只眼，挑动黄河天下反。"民工挖出石人，以为应验，个个惊异

◎刘福通铸“龙凤通宝”

不已。韩山童、刘福通遂号召民工起义，他们以红旗为号，头包红巾，故名红巾军。又因其烧香拜弥勒佛，也称香军。韩山童不久战败牺牲，刘福通继续战斗。

至正十五年（1355年）二月，刘福通拥立韩山童的儿子韩林儿为小明王，国号大宋，年号龙凤，建都亳州，势力遍及黄河流域及西北和东北。

属于红巾军系统的，还有另外三支。一支是郭子兴部，郭子兴死后，其部下由朱元璋统率。另一支是徐寿辉部，陈友谅和明玉珍都是他的部下。还有一支是王权和孟海马部。各地红巾军相继起义，大元政权岌岌可危。

徐寿辉起义称帝建天完

至正十一年（1351年）八月，蕲州罗田布贩徐寿辉、黄州麻城铁工邹普胜等人往蕲州利用白莲教组织起义，九月攻占蕲水。十月，起义军共拥体魄魁伟的徐寿辉称帝，邹普胜为太师，建立农民政权，国号天完，年号治平，以蕲水为都城，并设立了比较完备的行政机构和军事机构。

天完政权是元末农民起义中最早建立的农民政权。天完政权建立后，从至正十二年（1352年）正月开始，即分兵四出，扩大战果。元朝统治者调集各省军队，从四面八方对起义军进行“围剿”。红巾军在湖广等5行省兵力的围攻下失败。元军很快占据了饶州、江州、安陆、武昌、汉阳、瑞州等地。至正十四年（1354年）八月，元军合围天完国都城蕲水，徐寿辉被迫败走黄梅山区和沔阳湖中。整个南方农民起义军面临严峻的形势。

十九年二月徐寿辉欲往龙兴，陈友谅设伏江州城外，杀其左、右部属，建都江州，挟持徐寿辉，自称汉王，一揽大权。二十年五月，陈友谅杀徐寿辉于采石，改国号大汉。

◎徐寿辉铸“管军万户府印”铜印

郭子兴起兵濠州

至正十二年（1352年）二月，郭子兴知天下将乱，乃聚家财与壮士结交，集众人攻城起义，与农民孙德崖及俞姓、鲁姓、潘姓等起兵反元，攻占濠州（今安徽凤阳东北）。五人同称元帅，郭子兴居第五。当地农民群起响应，他们手执兵杖，头裹红巾，众至数万，群山尽赤。闰三月，濠州钟离（今安徽凤阳县临淮关）贫家子朱元璋投奔郭子兴，参加红巾军。九月，徐州城破，李二部将彭早住、赵君用率众突围，逃奔濠州，与郭子兴军会合。脱脱命中书右承贾鲁督攻濠州。贾鲁围城7月未克，病死。次年五月，濠州围解。鲁淮王彭早住、永义王赵君用于至正十四年（1354年）上半年屯兵盱眙（今江苏盱眙县），攻下泗州（今江苏盱眙县）。七月，郭子兴遣朱元璋攻占滁州（今江苏盱眙县）。孙德崖、赵君用与郭子兴不合，郭子兴移居滁州，朱元璋由镇抚升为总管。郭子兴欲自立为王，被朱元璋劝阻。至正十五年（1355年）正月，朱元璋献计攻下和州（今安徽和县）。三月，郭子兴病死于和州，朱元璋遂掌握了这支军队的实际领导权。韩林儿的宋政权任命他为左副元

◎黄河源图。此图是最早经实测绘制的黄河源地区图。

帅，从此，这支起义军就正式归大宋政权统辖，直到龙凤十二年（1366年）韩林儿死为止，朱元璋都是“用龙凤纪年，旗帜等色尚赤”。

郭子兴这支起义军，终被朱元璋统率。

张士诚进军江南称王

至正十四年（1354年）正月，张士诚据高邮称王建国。

张士诚，泰州白驹场亭民，以操舟贩盐为业。至正十三年（1353年）正月，张士诚与其弟士义、士德、士信联合壮士李伯升等18人，杀大户，招纳盐丁，起兵反元，一举攻下泰州（今江苏泰州）。元朝政府遣高邮知府李齐前去招降，张士诚接受招安，受任民职，且请求跟从征讨红巾军。但部下诸将意见不一，相互攻杀。后元淮南江北行省参知政事赵琏移镇泰州，命张士诚北征濠、泗。张士诚不从，再次反叛起义，破泰州、陷兴化，驻扎德胜湖。五月，攻下高邮。次年正月，张士诚在高邮自称诚王，国号大周，年号天佑，建立了政权。

大周政权突起高邮，占据要冲，阻绝南北，使元朝政府十分惊恐。丞相脱脱统领诸王、诸省各路军马，号称百万，出征高邮。高邮被围困3日，城中日益不支，人心浮动，城破在即。张士诚准备投降，又恐“罪在不赦”。危急关头，元中书右丞哈麻挟私忿，连上三章，弹劾脱脱“劳师费财”。顺帝听信谗言下诏削脱脱官爵，安置于淮安路，以河南行省左丞相太不花等代领其兵。临阵易将，元军大乱，百万之众，一时四散，无所投附者加入了红巾军。张士诚乘机出兵，反败为胜。

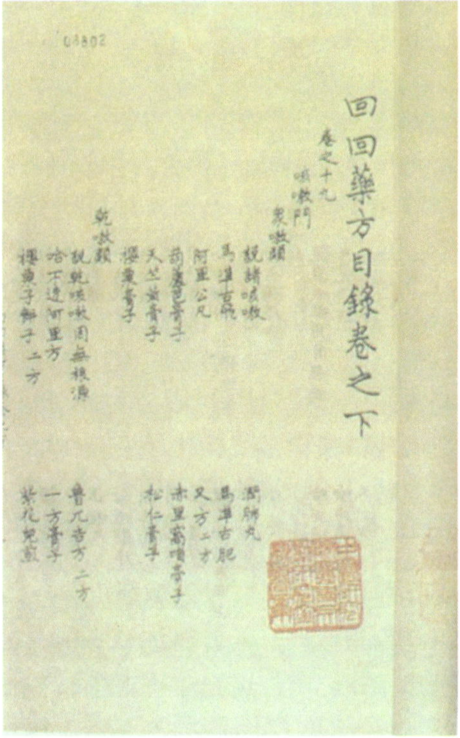
回回藥方目錄卷之下

◎《回回药方》书影

高邮之战是元末农民起义军的一个重要转折点。各地农民军复起，使已处于低潮的农民战争再次转入高潮。

陈友谅称帝建汉

陈友谅，湖北沔阳人，本姓谢，入赘于陈家，故改姓陈。聚众起义后，投奔徐寿辉，因功升统军元帅。至正十七年（1357年）九月，倪文俊谋杀徐寿辉未成，出逃黄州，陈友谅杀之，并其军队，开始掌握天完政权。随后陈友谅设计杀了天完大将赵普胜，并逼迫徐寿辉迁都江州，在城外设埋伏杀徐寿辉部属。至正二十年（1360年）五月，陈友谅灭天完，建国大汉，自称汉王，以邹普胜为太师，张必先为丞相，张定边为太尉兼知枢密院事。

至正二十三年（1363年）七月，朱元璋率兵20万救洪都，陈友谅退至鄱阳湖迎战。陈军连结大船为阵，朱军以小船，利用风势火攻，大败陈友谅。部将用船载其尸及子陈理逃回武昌，立陈理为帝。至正二十四年（1364年），朱元璋率水路大军征武昌，陈理请降，大汉灭亡。

◎元至正年间重刊本《大观本草》插图

明玉珍称帝建国大夏

在大汉陈友谅灭亡之时，另一支反元义军明玉珍的势力正在崛起。

至正十一年（1351年）农民起义风起云涌，明玉珍集乡兵千余，结寨自保。其后，明玉珍投归徐寿辉，加入天完红巾军。陈友谅在采石矶杀死徐寿辉，建汉国，改元大义，自称皇帝，且命明玉珍出兵助攻朱元璋。明玉珍不理，派兵扼守夔州，断绝与陈友谅的关系。又立徐寿辉之庙于重庆城南，春秋奉祀。至正二十一年（1361年）称陇蜀王。次年三月，正式称帝，国号大夏，年号天统，建都重庆。夏朝政权建立后，明玉珍开始分兵遣将，向四周拓疆。天统三年（1364年），明玉珍派遣万胜攻兴元，围城3日，不克而返。从此以后，明玉珍安心于割据四川，很少出川用兵。天统五年（1366年）春病死。

◎玉瓮，又名渎山大玉海，现存放在北京北海团城玉瓮亭中，是我国现存最早、最大的传世玉器。

朱元璋消灭江南群雄

在元末群雄并起的情况下，朱元璋由于才略出众，深得郭子兴的器重。至正十五年（1355年）郭子兴死，朱元璋便掌握了这支军队的实际领导权。

同年六月，朱元璋南渡长江，夺取了太平路（安徽当涂）一带大片地区。第二年三月又亲率大军攻克集庆路（南京），改名应天府，建立江南行省。并以应天府为根据地，分兵占领镇江、金坛等地，逐渐发展为当时起义军中的一支劲旅。

攻下集庆后，朱元璋采取了固守东西、出击东南的战略，准备与群雄逐鹿中原。他先取皖南诸县，然后由徽州路（安徽歙县）进取建德路（浙江建德），构成包围婺州（浙江金华）的形势。至正十八年（1358年）十二月，朱元璋亲自统率10万大军包围了婺州，元守将开城投降。朱元璋在婺州建中书浙东行省，接着又占领了浙东的诸暨、衢州和处州（浙江丽水），东南一带被孤立的元军据点次第被消灭。

至正二十三年（1363年），朱元璋与陈友谅在鄱阳湖决以死战，结果陈友谅中流矢死亡，朱元璋占据了长江中游地区。4年后又消灭了割据苏州的张士诚。至正二十七年（1367年），朱元璋对盘踞浙东的方国珍分三路大军进行征伐，最后用3个多月的时间便消灭了其割据势力。

这样，朱元璋便基本上消灭了元朝的残余势力及各地的主要割据政权。

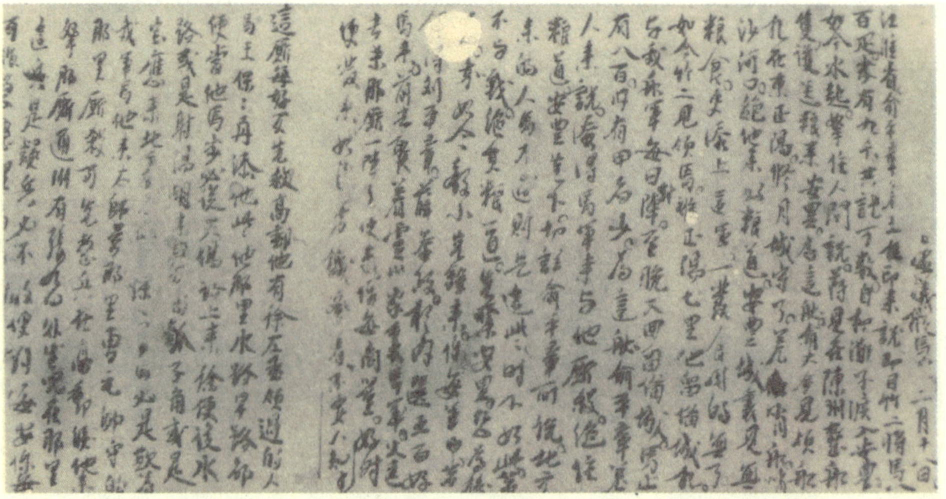

◎朱元璋于龙凤十二年（1366年）所书两道军令，促徐达火速攻取安丰、高邮。

中国丝瓷流行全世界

元代，中国的对外交通四通八达，除了通西域及中亚地区的陆上“丝绸之路”外，还发展了海上“丝绸之路”，形成了一些颇具规模的东方大港如泉州，航线直抵世界各地，东起日本、高丽，西到东南亚，还通过印度洋伸向地中海沿岸。交通的发达带动了对外贸易的繁荣，外销商品品种丰富多彩，包括铜、铁、铅、锡、茶叶、砂糖、绢帛、瓷器等，其中又以丝绸和瓷器的比重最大，形成了一股丝绸和瓷器的输出洪流。

中国丝绸与外部世界的交往开始还仅仅局限于官方的馈赠，后来官方馈赠的各种丝绸以其品种的繁多和花色的丰富在当地受到极大的欢迎，由此开始了广泛的民间丝绸贸易。

除丝绸外，瓷器成为外界认识中国的又一窗口。外销瓷器中以龙泉系青瓷数量最多，其次就是景德镇和广东、福建制造的青白瓷和白瓷，还有建阳、吉州产的黑瓷。中国瓷器行销各地最大的用处是作日常用品或装饰。

中国丝瓷的行销，促进了与世界各国的贸易交流及文化交流，提高了中国在世界上的地位和威望。

◎掐丝珐琅三环尊。尊为铀胎镀金，通身施浅蓝釉为底，掐丝填彩釉为纹。其珐琅釉色与伊斯坦布尔珐琅颇似，当为元末制品。其颈、足及三兽衔环为清初所配。

◎釉里红折枝菊纹高足转杯

文化小辞典

《赵氏孤儿》

元代杂剧作家纪君祥，大都（北京）人，与李寿卿、郑挺玉同时，著有杂剧6种，流传至今的仅《赵氏孤儿》一种及《陈父图悟道松阴梦》残曲。其中《赵氏孤儿》是第一部被译介到欧洲的中国剧作。

《赵氏孤儿》故事本事来源于《史记》，写春秋时晋国上卿赵盾遭受大将军屠岸贾陷害，全家被杀300多人，一不到半岁的婴儿被门客程婴救出，这就是剧中赵氏孤儿。为了保护他，晋公主、韩厥、公孙杵先后被害，程婴以自己的儿子作替身，终于保全了赵氏孤儿。20年后，程婴向已长大成人的赵氏孤儿讲述了以赵家冤案为内容的图画，赵氏孤儿立志杀屠岸贾以报家仇。剧中浓厚的封建宗法思想正是当时蒙元民族歧视政策蹂躏下汉民族精神上的不解之结，从而也构成了这部剧作广泛流传并深受人们喜爱的原因之一。

◎元青白釉透雕戏台式枕，是研究元代陶瓷造型艺术和宋元杂剧艺术的重要实物资料。

元廷内讧·孛罗帖木儿被杀

元末农民起义的爆发，各地军阀割据势力的崛起，导致元廷的内讧，孛罗帖木儿就是在这种情况下被杀的。

元至正十四年（1354年）高邮之战，元军主力部队被击败，农民起义军攻势更加凌厉，随之，割剧各地的军事力量开始称雄内斗。察罕帖木尔聚众与信阳罗山人李思齐合兵从红巾军手中夺取罗山。至正十五年（1355年）移兵黄河北，屡败红巾军，受命守御关陕、晋冀，李思齐则盘据陕西凤翔，与占据鹿台的张良弼等相抗。至正十七年（1357年），答失八都鲁病死，子孛罗帖木儿继领其军。至正十九年（1359年），红巾军关先生、破头潘北上攻大同，元廷命孛罗帖木儿自河南移兵驻大同，不久他便与据晋冀的察罕帖木尔为争夺地盘发生冲突。元惠宗妥懽帖木尔下诏以后岭关为界，孛罗帖木儿守关北，察罕帖木

◎镀金团花凤纹银盒

尔守关南，不得相侵犯。但双方均不受朝命约束，继续攻战不休。后由于皇室内讧严重，至正二十五年（1365年），元惠宗命亲信威顺王子和尚德壮士金那海等6人，挟刀在衣中，伺立迎春门内，早朝时孛罗帖木儿经迎春门遂被杀。元惠宗随即又下令尽杀其部党。

孛罗帖木儿被杀后，元廷内讧继续进行，扩廓帖木儿、张良弼、李思齐、脱烈伯等军阀之间又进行了几年的相互混战，至至正二十八年（1368年），明军攻占了山东、河南，后又攻克通州，此时，妥懽帖木尔父子便北走上都，元廷基本被葬送。

朱元璋北伐·元朝灭亡

朱元璋为了彻底推翻元朝，乘红巾军刘福通北伐基本摧毁元主力军的有利时机，于至正二十七年（1367年）十月，下达了北伐的命令。同时，为了争取人心，还提出了非常有号召力的口号，北伐檄文提出："驱除胡虏，恢复中华，立纲陈纪，救济斯民。"并向蒙古人和色目人提出："有能知礼义愿为臣民者，与中夏之人抚养无异。"这个口号的提出对北伐的顺利进军起了很大的推动作用。

朱元璋命中书右丞相、魏国公徐达为征虏大将军，中书平章政事、掌军国重事的常遇春为副将军，率军25万人，由淮河入黄河，北取中原。徐达军至淮安，便遣使招谕沂州王宣及其子王信。王信投降，吴王遣使授王信为江淮行省平章政事，其部下皆仍旧职，令其军马听徐达指挥。后来徐达占据沂州后，王信逃至山西，于是峰、莒、海州、日照、沂水等地皆来降。接着徐达又攻克寿光、临淄、高苑等地。山东诸州县尽为朱元璋军所占据。至正二十八年（1368年）二月，朱元璋的军队乘胜夺取河南。不到一月又克通州，元惠宗妥懽帖木尔只得携带家眷及宫廷官僚北走上都。八月二日，徐达师入大都，北伐取得了胜利，元朝灭亡。元顺帝逃到上都后，多次指挥军队反扑大都，均未成功，于洪武三年（1370年）在应昌病死，子爱猷识礼达腊继位，携残部退到塞外和林一带，史称北元。

◎鎏金花瓣式银托、盏

明

大事纪

公元1368～1644年

● 公元1368～1402年

● 公元1368年
朱元璋称帝，国号明，建元洪武，是为明太祖高皇帝。

● 公元1380年
朱元璋杀胡惟庸，取消中书省，废止丞相制。

● 公元1382年
锦衣卫建立。

● 公元1402年
建文帝朱允炆下落不明，燕王朱棣即皇帝位，创立内阁制。

● 公元1405～1449年

● 公元1405~1433年
郑和七次下西洋。

● 公元1420年
东厂设立；明故宫落成。

● 公元1421年
迁都北京。

● 公元1449年
土木堡之变，于谦率军民保卫北京。

●公元1522年
正德帝死于“豹房”，明世宗即位，大礼之议发生。

●公元1553年
葡萄牙人登陆澳门。

●公元1565年
戚继光、俞大猷基本肃清倭寇。

●公元1581年
张居正在全国推行一条鞭法。

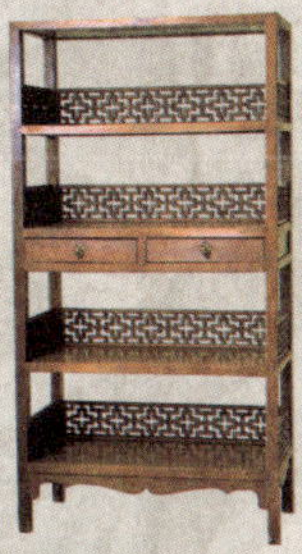

● 公元1522～1581年　● 公元1601～1644年

●公元1601年
意大利传教士利玛窦定居北京。

●公元1616年
努尔哈赤建立后金。

●公元1636年
李自成称闯王；后金皇太极称帝，改国号为大清。

●公元1641年
荷兰占领台湾；清兵攻明，洪承畴降清。

●公元1644年
李自成建大顺政权；吴三桂降清，清兵入关；崇祯帝煤山自尽，明亡。

朱元璋称帝建明

元至正二十八年（1368年）正月四日，朱元璋在应天（今南京）即皇帝位，定国号为“大明”，建元洪武，立马氏为皇后，朱标为太子，以李善长、徐达为左、右丞相，设官分职，开始了明王朝的统治。同年八月二日，徐达师入大都，从1271年元世祖建国号以来统治中国98年之久的元朝至此结束。

朱元璋建明后，即着手肃清政治，整顿吏治，在经济、文化等方面都有很大举措。洪武元年（1368年），中书省奏定设吏、户、礼、兵、刑、工六部，并在奉天殿召见六部官，规定国家之事，总之者中书，分理者六部。积极劝课农桑，招贤纳士，明帝国初步建立并逐渐发展起来。

◎明太祖朱元璋像

朱元璋一方面整饬吏治，恢复发展经济，一方面继续完成全国的统一。朱元璋称帝后，采取了先西北、再西南、后东北的作战策略，费时二十余年，终于完成了全国的统一大业。大明帝国的建立，是统一战胜割据与分裂的产物，也是华夏文明的重建与发展。

军行卫所制·民行户口制

明洪武元年（1368年），明太祖采纳刘基“立军卫法”的建议，正式创立卫所制。

卫所的设置，根据地理形势和军事冲缓而定。一般来说，系一郡的设所，连郡的设卫。一卫统十千户，一户统十百户，百户领二总旗，总旗领五小旗，小旗领军十人。在若干卫所之上设都指挥使司，长官是都指挥使。从卫指挥使到百户等军官，都是世袭的，称“世官”。

军队兵士的来源一是“从征”，即原来朱元璋所指挥的部队；二是“归附”，即元朝和各割据势力降附的军士；三是“谪发”，即因犯罪被罚当兵的军士；四是“垛集”，即按

◎禾屯吉卫指挥使司印

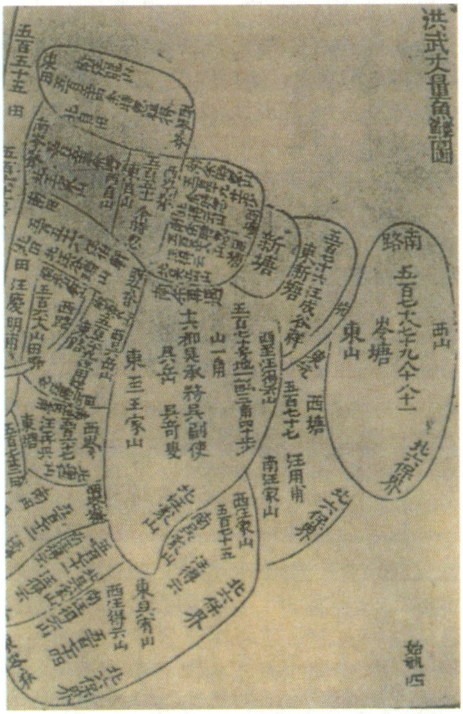

◎洪武丈量鱼鳞图册

人口比例从平民中征集的军士。凡充作军士的，其家称军户，世袭军籍。明代军屯制，就是完全按照卫所编制单位进行的。

卫所兵制以及军户世袭制和军士屯田制，三位一体，对明前期“寓兵于农，强兵足食”起到巨大的促进作用。随着明后期军丁、屯地、屯粮比例的严重失调，卫所制逐渐失去了它应有的作用。

此外，朱元璋为了建立有效的赋役制度，对全国户口和耕地数额进行了认真清理、统计，编制了赋役黄册和鱼鳞图册，形成了严密的户口和财产登记制度。

洪武元年（1368年），朱元璋下令在各地作战的总兵和地方官员注意收集户口版籍。同年制定“均工夫”役法，并编制了均工夫图册。洪武三年（1370年）又下令实行户帖制，按户登记姓名、籍贯、年龄、丁口、产业，制成户帖发给各户，全国户籍则汇总于户部。在江南一些地区还试制了“小黄册”。

同时，派人到浙西核实田亩，经丈量后绘成图册，册上载明所有田亩方圆、四周界至、土地沃瘠、户主姓名。因总图形状像鱼鳞，故称“鱼鳞图册”。

黄册是征派赋役的依据，鱼鳞图册则是解决土地纠纷的凭证。两种册籍相互配合，相互牵制，构成一套完备严密的户口、田地和赋役管理制度。

分封诸子·屏藩王室

洪武二年（1369年），明太祖朱元璋鉴于历代地方割据和叛乱对皇权的严重威胁，以及宋、元两代皇室孤立的教训，诏定诸王国邑与官制，大封诸子，屏藩王室。

从洪武三年起，朱元璋先后分封25个儿子和一个从孙为王。其中一部分授以兵权，如秦王樉、燕王棣、晋王㭎、宁王权，命他们驻守北方，节制沿边兵马，防御蒙古；另一部分则驻于内地各省，如齐王榑、鲁王檀等，监视地方官吏。

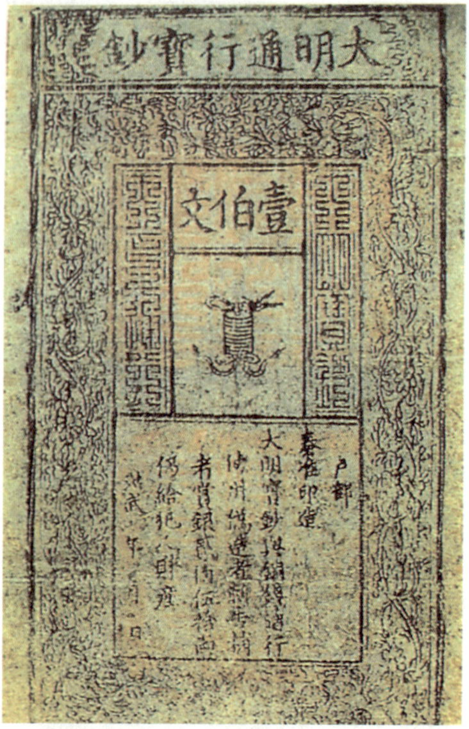

◎明代纸钞一百文

为避免权臣擅政，明太祖又规定，诸王有移文朝廷索取奸臣和举兵清君侧的权力，同时也怕诸王权力过大，威胁中央集权的统治，又申明诸王“惟列爵而不临民，分藩而不锡土”，即分爵而不裂土的原则。

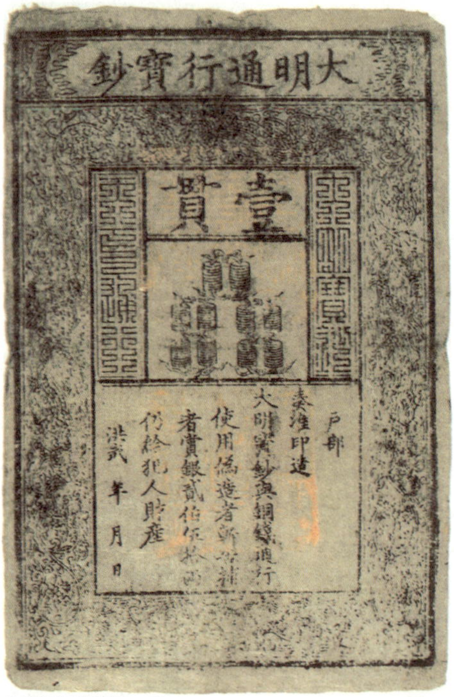

◎明代印刷的纸钞一贯

另外，诸王封地，唯江、浙、闽、粤等地不封，江浙不封，因其系京畿重地和国家财源所在，以免干扰国家的政治活动和经济源泉；闽、粤不封，因其地远险恶，避免皇权失控，鞭长莫及，目的还在于巩固中央对地方的统治。

明太祖封建诸王，皇子以亲王身份建藩就国，是对古代分封制的继承，对明初加强皇权统治起到一定作用。但是，所封诸王，拥兵自重，在封国内为所欲为且行为不法，终于造成“枝强干弱”的割据局面。

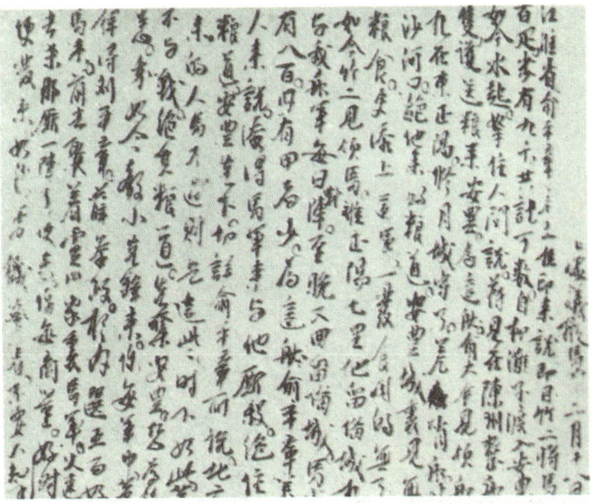

◎朱元璋给徐达的军令

徐达远征沙漠

洪武三年（1370年）正月初三，朱元璋命徐达为征虏大将军，李文忠为左副将军，冯宗异为右副将军，往征沙漠，以消除扩廓帖木儿为首的西北边患。

朱元璋的部署是兵分二道。一令大将军徐达，自潼关出西安，西取扩廓帖木儿；一令左副将军李文忠出居庸，入沙漠，追元顺帝，使其彼此自救，无暇应援。诸将即奉命而行。四月初八，徐达一路出巩昌安定县，次沈儿峪，与扩廓帖木儿隔渠沟列阵对垒。初九日，诸将悉力与战，大败扩廓贴木儿，擒元郯王、文济王及国公阎思孝等官1865人，吏卒84500余人，马15280匹，牛羊杂畜不计其数。

◎徐达像

扩廓帖木儿从皇城与妻子数人逃奔和林，郭英追击至宁夏，不及而还。五月十五日，李文忠一路趋应昌，得知元顺帝死，兼程前进，十五日围应昌城，十六日破城而入。元嗣君与数十骑北奔，文忠追至庆州而还，回军途中，又收降元将江文清、杨思祖及所属5万余将士。遂班师还京。

徐达、李文忠远征，迫使元朝残余势力从应昌、定西一线北撤，明朝北方边境随之也稳定下来。

汤和平定四川

洪武四年（1371年）正月，朱元璋任命中山侯汤和为征西将军，江夏侯周德兴、德庆侯廖永忠为副将军，率水师从瞿塘（今四川奉节县东）出发，颍川侯傅友德为征虏前将军，济宁侯顾时为副将，率步骑由秦陇挺进，水陆两路大举伐蜀。

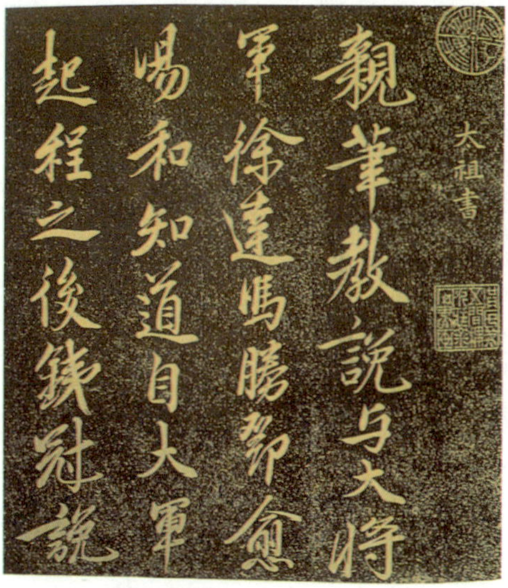

◎朱元璋书《教说大将军》

四川原为明玉珍占据，自立为蜀王，定都重庆，国号夏。洪武初年，朱元璋曾多次招抚都没有效果，当朱元璋取得对蒙古用兵的全面胜利后，终于决意西征。汤和的南路水师在瞿塘峡遇到阻力后由右副将廖永忠选精兵突袭瞿塘天险，才打开了四川的东大门。与此同时，傅友德的北路陆师所向披靡，四月攻克了阶州（今甘肃武都县东南）、文州（今甘肃文县）、绵州（今四川绵阳），六月又攻占了汉州（今四川广汉）。六月二十二日，汤和与廖永忠合攻重庆，夏主明昇（明氏第二代皇帝）投降。七月，傅友德部攻下成都，随后扫平了周围郡县，平定四川。明昇到达京师后，被封为归德侯。十月，征蜀军队凯旋，朝廷论功行赏，傅友德排第一，廖永忠属第二。

人物小辞典

开国功臣常遇春

常遇春（1330～1369年），字伯仁，怀远人。勇力超群，猿臂善射。元至正十五年（1355年）投奔朱元璋，曾解救朱元璋于危难之地。

采石一战，常遇春作为先锋官屡出奇谋，挫败元兵。不久，晋升统军大元帅。后以副将军随徐达平陈友谅，擒张士诚，进封鄂国公。吴元年（1367年），随徐达北征，攻克大都。

常遇春沉稳果敢，虽不习史书，但用兵如神。多年跟随徐达征战，配合神契，时人合称徐、常。

洪武二年病死时，太祖朱元璋十分悲痛地说：“使我如失手足。”同年十月初八葬钟山，赠中书右丞相，追封开平王，配享太庙，肖像功臣庙，位列第二。

◎常遇春像

人物小辞典

神机军师刘伯温

刘伯温（1311～1375年），名基，字伯温，青田（今浙江）人。博读经史，精通兵法韬略、天文地理，能书善文，著有《郁离子》、《写情集》、《春秋明经》等传世之作，后人将它们汇刻为《诚意伯文集》。

◎刘基像

朱元璋攻占浙东后，刘伯温应召到了南京。他向朱元璋陈述时务十八策及灭元方略，劝朱元璋脱离小明王自立，深受朱元璋的赏识。此后，他辅佐朱元璋灭陈友谅、张士诚，北伐中原，南平诸郡，立下赫赫战功，为明朝开国元勋之一。明朝建立后，刘伯温主张把休养生息、加强武备视为立国的两大根本，被封为诚意伯。

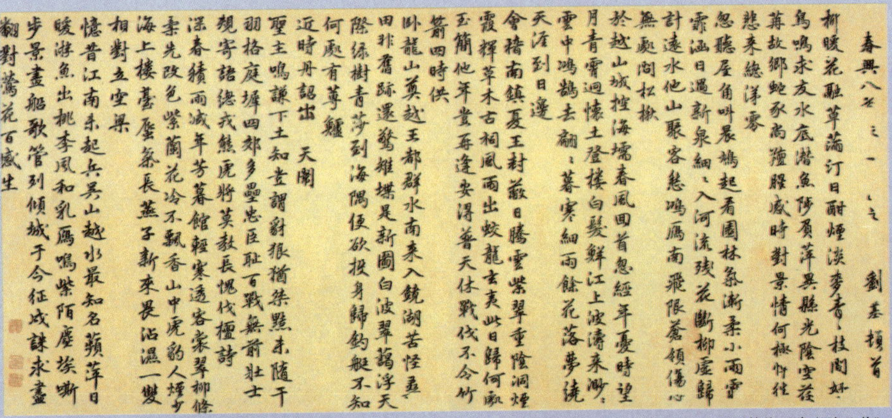

◎刘基作《春兴诗八首》

《元史》成书

明洪武四年（1371年）二月，宋濂主编的《元史》成书。

《元史》是记载元朝史事的纪传体史书，共210卷，包括本纪47卷、志58卷、表8卷、列传97卷，记载了从成吉思汗至元顺帝约160年间蒙古、元朝的历史，尤以元朝史事为主。该书依据实录、后妃功臣列传及诸家所撰行状、墓志、表、志，依据《经世大典》等书而撰成，因此书中保存了不少原始史料，尤以天文、历史、地理、河渠等四志材料最为珍贵，是研究元史的基本资料之一。由于元朝的十三朝实录和《经世大典》均已失传，赖《元史》得以存其精华，更加重了《元史》的文献价值。

《元史》修撰的时间，前后只有11个月，成书之速也给它带来了不少缺陷、讹误，一些史事又未加详细考核订正，又未曾利用元代的一些重要资料，因此，如蒙古族的源流发展、中西交通等重要史迹，亦多未加以叙述。译名、史实也存在不少错误，对资料的处理也缺乏融汇贯通功夫，有的照搬案牍原文，文辞也欠斟酌推敲，故为后来学者所非难。

火药理论提出

明初成书的《火龙经》一书记载了早期的火药理论。其后的《武备志》、《天工开物》也有关于火药理论的记载。

火药是以硝石、硫黄和木炭按比例配成的。明代以前提纯硝石的基本方法是重结晶法，而到了明末则出现了更为有效的提纯方法。茅元仪的《武备志》、《天工开物》、焦勖《火攻挈要》都提出了非常科学的提纯硝石的方法。明代提纯硫磺技

◎《元史》书影。明洪武年内务府刻本。

◎明架火战车，长 350 厘米，宽 320 厘米。这是由独轮车与火箭、火铳、长枪组成一体的由两人操作的战车。

术又有了新的发展，出现了以油炼硫的方法。《武备志》、李盘《金汤借箸十三筹》（万历末年）、《火攻挈要》等书有所记载。中国古代火药的配制理论与中国药物学理论是一致的，它要求火药的配制符合“君臣佐使学说”。

据《火龙经》记载，硝、硫磺、炭在火药中作用各不相同，因而根据火药不同用途，其配合比例也不一样。射击用火药、硝石较多，爆炸用火药、硫磺比例应大一些，如有专用的火铳药，用于火药炮和地雷的炮火药、爆火药，用作照明信号用的药方以及用于娱乐的烟火药等。

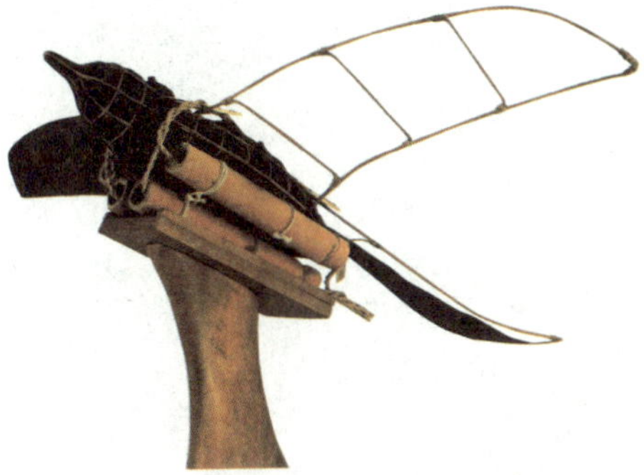

◎明神火飞鸦。翅长 64 厘米，长 56 厘米。以扎制风筝的形式，结合火箭推动的原理发明的燃烧弹。用竹篾扎成乌鸦形状，内装火药，由 4 支火箭推动，可飞行 300 多米，多用于火战。

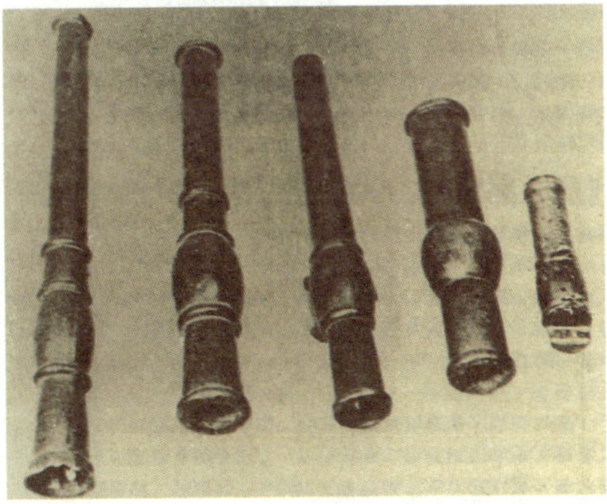

◎明代军队所用火铳

《武备志》中记载，明代中期以后的火药，除少数燃烧型和用做信号的火药配方外，硝、硫、炭含量的配比已接近近代黑火药的标准配比。

火药在唐朝就已发明，但直到明朝才提出了火药理论，并在古代生产实践中确实起了指导作用，这是一大进步。而在西方，近代合理的火药理论只是到了19世纪才趋于完善。

蓬莱水城建成

明代沿海各省经常受到海上倭寇骚扰，特别是自明中叶后，这种情形加剧，甚至侵入内地，烧杀抢掠。所以自明初以来，就在沿海要冲设置防御据点，这些海防建筑体系分为卫、所、堡、寨等，山东蓬莱水城就是其中的典型。

山东蓬莱水城又称备倭城，北面临海，南接府城，背山控海，地势险要，是明代典型的海防要塞，建成于明洪武九年（1376年）。蓬莱水城由两大部分组成，一是以小海为中心，

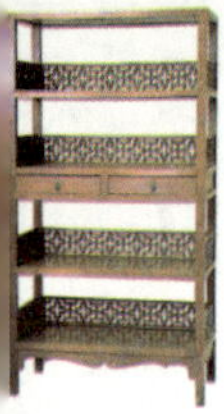

◎蓬莱水城入口水门

包括水门、防波堤、平浪台及灯楼等海港建筑；二是以水城为主体，包括炮台、敌台及水闸等军事防御设施。水城依地势环绕小海而筑。整个城墙设两个门，北为水门，又称关门口，与大海相通；南是通向州城的城门，上建城楼。炮台有两座，分别设于水门的东北、西北方向，两座炮台与水门呈犄角之势，控制进出海路，构成严密防御体系。小海为水城内的主体部分，居城正中，是停泊船舰、操练水师的场所。自水门外沿东城墙向北延伸，构成防波堤，全由块石堆积而成，形成一道屏障。

蓬莱水城的选址、规划布局、军事防御设施配置及许多建筑工程技

◎蓬莱水城

术，都表明明代工匠的高超技艺和设计规划的科学性。无论作为军事战略要地还是一般的海港，它在我国海港建设史上都具有重要地位。

胡惟庸案发·废止丞相制

胡惟庸，安徽定远人，早年随朱元璋起兵，颇受宠信。洪武三年，胡惟庸被授予中书省参知政事之职，六年升任右丞相，十年进升左丞相，位居百官之首。随着权势的不断增大，胡惟庸日益骄横跋扈，凡上奏的文书他必定先行阅读，对自己不利的就藏匿不报。于是，奸邪之徒和失职功臣都纷纷投其门下。他曾谋害徐达、借探病之机毒死刘伯温，并培植私党，以图谋反。

洪武十三年（1380年）正月二

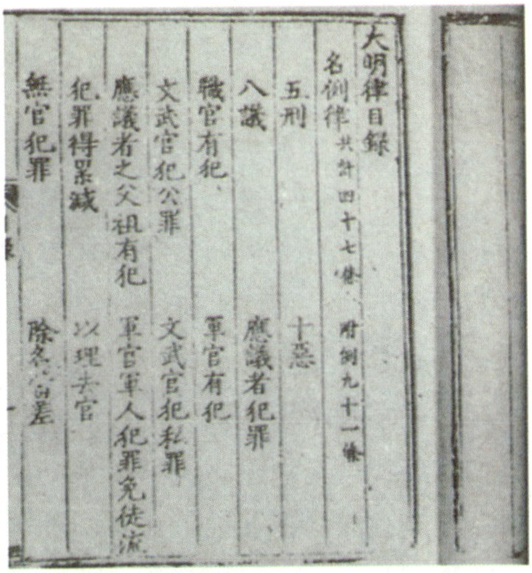

大明律目録
名例律 共計四十七條 附例九十一條
五刑 十惡
八議 應議者犯罪
職官有犯 軍官有犯
文武官犯公罪 文武官犯私罪
應議者之父祖有犯 軍官軍人犯罪免徒流
犯罪得累減 以理去官
無官犯罪 除名當差

◎《大明律》书影

日，御史中丞涂节告发胡惟庸谋反，朱元璋于是以“图谋不轨”罪诛杀了胡惟庸、徐宁、涂节等人。为肃清“逆党”，朱元璋前后株连杀戮3万余人，其中包括开国功臣李善长、陆仲亨等1公、21侯，时间长达10年之久。

胡惟庸被杀后，朱元璋罢除丞相之职，取消中书省，并规定此后朝廷不得再立丞相。丞相掌管的事务交六部分理，由皇帝直接统领，中央集权得到进一步加强。

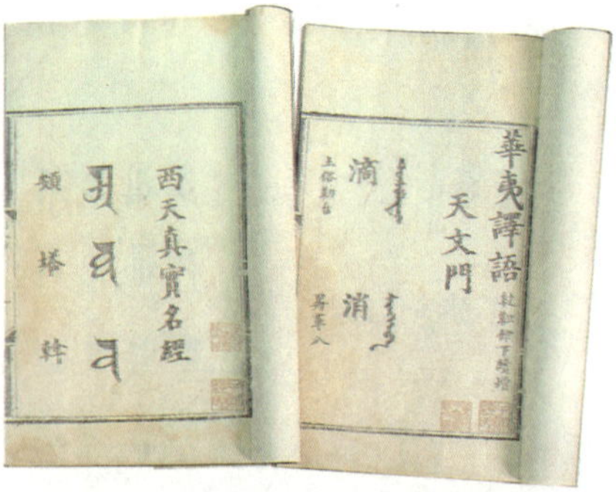

◎《华夷译语》。华夷译语是明清两代会同馆和四夷馆（清初改为四译馆）编纂的多种语言与汉语对译的辞书的总称。共有4种版本，3种成书于明代，1种成书于清代。图为明代用汉字记写蒙古语的《华夷译语》。

傅友德攻克云南

明初，云南由元宗室梁王占据。明政府多次派遣使臣前往招抚，均遭杀害。

洪武十四年（1381年）九月，朱元璋命傅友德为征南大将军，蓝玉、沐英为左、右副将军，统领大军征讨云南。出师前，朱元璋亲定进军方略。傅友德等受命出发，一路从湖广挺进，一路由四川南下，渐次进军，逐地攻占。元梁王派司徒平章达里麻率兵十余万屯驻曲靖，抵御明军。曲靖一战，沐英生擒达里麻，俘获2万多士兵。傅友德率军趁机攻占云南重镇乌撒，元梁王走投无路，携妻子投昆明滇池死。东川、芒部、乌蒙、水西诸蛮全部投降。接着傅友德又指挥明军攻占了段氏世守的大理国，云南全境悉平。

洪武十五年（1382年）二月，朱元璋在云南设都指挥使司和布政使司，管理云南军政事务，留沐英镇守，并且让沐英子孙世守云南，直到明朝灭亡。

最高学府国子监太学成立

明洪武十五年（1382年）三月，太祖朱元璋改国子学为国子监，将其作为全国最高学府。

国子监建立后，学校制定有明确的规章制度：祭酒、监丞掌管国子监诸生训导政令，监丞参领监务，凡教官怠于教诲、学生违反监规、课业不精的，都要纠举惩治。博士负责授课，助教、学正、学录负责辅导学生经义文字。典籍管理书籍，掌馔负责

◎北京国子监辟雍

◎锦衣卫印

饮膳。国子监诸生分六堂授课，3年为期，考试及格给出身，不及格者仍在监肄业。洪武年间，国子监诸生除按时参加科举外，还可直接由吏部任职。

同年五月，新建太学落成，亦称文庙。太学正堂中为公署，左为训导之所，右为课试之处。

国子监的设立与完善，对明朝的学校教育及文化发展起到了重要作用。

特务组织锦衣卫建立

明洪武十五年（1382年）四月，朱元璋废除仪鸾司，改立锦衣卫，作为皇帝侍从的军事机构。

锦衣卫建立前的仪鸾司不过是替皇帝掌理仪仗的普通侍卫机构，改为锦衣卫后，除掌管侍卫职权外，还有巡察缉捕和审理诏狱的权力，实际上是明朝设立的特务组织。锦衣卫属下的镇抚司承办由皇帝命令查办的案件，他们用刑极为残酷，痛楚往往10倍于官刑。其中一种是廷杖，初期杖满即停刑，后期至打死为止。另外一种是用300斤重的立枷，几天就可将犯人压死。魏忠贤掌管锦衣卫时，又设断脊、堕指、刺心、“琵琶”等酷刑。这种对犯人严刑逼供、非法凌虐的做法，导致民情激愤、怨声载道。洪武二十年（1387年），朱元璋不得不下令焚毁锦衣卫刑具，所押囚犯也由刑部审理；同时下令内外狱都归三法司审理，废除了锦衣狱。但到了明成祖时期，锦衣卫又得以恢复，并由北镇司专门处理诏狱。

锦衣卫除拥有诸多特权外，还拥有大量田地。直到成化年间，他们的权势地位才有所削弱。

沐英征讨思伦发

洪武二十一年（1388年）正月初六，麓川思伦发大举内犯，西平侯沐英派遣指挥宁正前往征讨，在摩沙勒大败思伦发。

同年三月，思伦发为报摩沙勒之仇，亲率大军，号称30万，另加100多头大象，再次攻打定边。沐英闻报，立即挑选精骑3万，亲自率兵1万昼夜兼行，用15天的时间赶到前线，马不停蹄地立即冲杀思伦发的象队，射杀大象数头及数百蛮兵。次日，思伦发驱赶象队再次进攻沐英。沐英把军队分成左中右三队，并发布军令：炮响一齐奋战，败退者格杀勿论！战斗一开始，明军矢、铳齐发，沐英亲自在高处督阵，喊杀声地动山摇，思伦发的象群因惊慌纷纷掉头回跑。但思伦发的骁将昔剌也率众与明军作殊死拼斗。沐英望见自己左军在昔剌的冲击下有退却迹象，立刻取下佩刀，令左右斩杀左军帅首。恰在此时，遥见右军中一人挥刀飞驰而下，大呼突阵。沐英见机，立刻命将士全线出击，明军以一当百，奋勇冲杀。思伦发军全线崩溃，狼狈逃窜。此役明军斩杀蛮兵3万余人，俘获37头大象。西南诸蛮从此慑服。

◎西安城墙。明初在唐长安城基础上建筑。墙顶内外沿筑矮墙（又称女墙），城墙外有城壕。西安城墙的整体建筑布局均为便于防守，是城市防御体系的重要遗存。

列侯还乡·君主集权

明洪武二十三年（1390年）五月初二，朱元璋因诸位公侯年老体衰，于是允许他们全部告老还乡，回归故里。其中有魏国公徐辉祖、开国公常升、曹国公李景隆、宋国公冯胜、申国公邓镇、颍国公傅友德等6公，朱元璋赏赐每人黄金300两、白金2000两、钞3000锭、文绮30匹。此外，永平侯谢成、南雄侯赵庸、崇山侯李新、怀远侯曹兴、凤翔侯张龙、定远侯王弼、安庆侯仇正、武家侯郭英、鹤庆侯张翼9侯也一并还乡，各得黄金200两、白金2000两、钞1000锭、绮30匹。

早在此前，朱元璋已遣几位公侯告老还乡，如朱元璋的同乡汤和。郭子兴起兵时，汤和率20余人投奔帐下，因屡立战功被升为千户。后来汤和跟随朱元璋南征北战，洪武三年（1370年）十一月被封为中山侯。后因讨伐西南、征服漠北有功，进封信国公。洪武十九年（1386年）正月还京后，即向朱元璋乞求告老还乡，朱元璋欣然应允。但由于江南沿海倭寇骚扰不断，朱元璋再命汤和前往筑城防御。汤和俯首听命，待完成这一任务后，于洪武二十一年（1388年）六月携妻子及家人仆从启程回故乡凤阳，洪武二十八年（1395年）八月在故乡去世，享年70岁。死后追封为东瓯王。

◎山西省洪洞县大槐树。明太祖朱元璋先后 7 次下令将包括洪洞县在内的山西南部无田百姓迁往中原等地屯种。大槐树成为移民眼中故里的象征。图为在古大槐树遗址修建的祠堂外景。

明朝开国诸公侯告老还乡后，朱元璋将军政大权进一步集中在自己手中。

明营建南京城

明太祖朱元璋定都应天（今南京）后，开始大规模营建都城，南京城于洪武十九年（1386年）峻工。

南京城平面呈不规则形，13个城门中以聚宝门最为宏伟壮观。皇城位于城东，以南北中轴线为主干，自洪武门至承天门筑有大街，东侧有礼、户、吏、兵、工五部，西侧为五军都督府。宫城内依中轴线建奉天、华盖、谨身三殿和乾清、坤宁二宫。城中心建有钟楼、鼓楼，在鸡笼山和聚宝山分别设有观象台。鼓楼东南的国

◎南京城墙

◎位于南京城中华门的藏兵洞，前后四重，共 27 个。

◎中华门城上的跑马道

子监是当时全国最高学府。玄武湖是存放明代全部黄册之处。

由于水陆交通便利，腹地广阔，南京的手工业和商业相当繁荣。商业区位于秦淮河两岸。手工业以丝织、印刷、造船著称。秦淮河入长江口建有龙江宝船所，专门制造用于远洋航行的大船，郑和下西洋的船也是在此建造。

南京的各种宗教建筑也很多，著名的有灵谷寺、报恩寺、天宁寺等。报恩寺内有一座九级琉璃宝塔，白天在阳光下熠熠生辉，夜晚点灯百余盏，成为天下奇观。

内阁体制萌芽

明太祖朱元璋废中书省、罢丞相而立四辅官，四辅官罢而置殿阁大学士，为明代内阁制的建立提供了原型和模式，可视为内阁的萌芽时期。

明成祖即位之初，根据四辅官和殿阁制的雏形，特别简任翰林院侍读解缙等入文渊阁，称为“入阁办事”，并预机务，谓之“内阁”。在内阁建立之初，阁臣的品位很低，名为参与机务，实则没有决策权，既无决定各部、院的政务，也很难改变皇帝的意见。自仁宗、宣宋到英宗初年，是明代内阁权力、地位和作用迅速提高的关键时期。此时入殿阁者多为尚书、侍郎，权力益重，内阁由最初的文学侍从机构变为凌架于部、院之上的中枢政务机关，真正起到参与决策核心机密的作用。

产生于明代的内阁，是中国封建社会晚期官制的又一个重要变化，是明太祖废除丞相制的产物，也是为了适应君主极权政治进一步完善的需要。

◎明代监察御史王抒的象牙腰牌（正反面）

中国君主极权政治完成

明王朝建立之初，各级政权机构多用元代旧制。在中央，设中书省，以总全国之政；设大都督府，以统全国军务；建御史台，以振朝廷法度。在地方，仍以行中书省为最高权力机构。不久，朱元璋从实践中意识到，只有对这种政治体制进行全面改革，才能巩固自己的权力和地位，保证一切权力集中于皇帝一人，并为皇位的稳定性和连续性打下牢固的基础。于是，从洪武九年（1376年）开始，朱元璋对元代及秦汉保存下来的官制进行改革。改革的基本原则是：始终贯彻对上（皇帝）集权，对下（中央和各级机构）分权，并使其犬牙相制，互相抗衡。改革的步骤是自下而上，先地方后中央，同时上下穿插进行。

◎《华山图册》（之一）。此图册是王履于洪武十五年（1382年）游历华山后所创作，描绘了华岳三峰奇险峻伟的景色，成功地表现出华山“秀拔之神，雄特之观”及石骨坚凝的特质。笔力挺拔刚劲、深厚沉着，墨气明润，浓淡虚实相生。

◎《华山图册》（之二）

首先是地方改制。中国地方建制，从秦朝开始，大体上是实行州、县两级制，至宋代演为路、州（府、军、监）、县三级。总的趋势是不断限制和削弱地方权力，扩大中央集权，加强皇权。元代，对地方政权机构做了一次重大改动，以行中书省为地方最高行政机关，使地方的权力得到空前的提高。行省以下依次为路、府、州、县。明建立前后，沿用这一制度。但经过一段时间的实践，朱元璋认为行中书省的建制不利于中央对地方的控制，有碍于皇权的集中，威胁着政权的巩固。于是，洪武九年（1376年）朱元璋下令废除行中书省，改为布政使司。以布政使司辖一省民政，提刑按察使司理司法，都指挥使司领军务。“都、布、按三司”各有职权，互不相统，直接向中央负责，实际是向皇帝一人负责。布政使司以下的行政机构简化为府、县二级，分设知府、知州、知县，均由皇帝任命，实行一长负责制，但都没有决定权，凡遇大事必先报告上级，待允准而后行。

其次是中央机构的改革。中央机构的设置，历代有变化。秦至西汉设三公九卿，以丞相居重权。三国以来，相权进一步分散，演为三省（尚书、门下、内史）并重。自隋至唐，三省六部（吏、户、礼、兵、刑、工）制开始形成，并日趋完善。宋代，相权益为削弱。元代，并三省为一省（中书省），下辖六部，丞相拥有极大的权力。明代建国之初，一依元制。后来朱元璋认为中书省权重和丞相“擅专威福”，是秦汉以后君亡国破的根源所在，只有废中书省，罢丞相制，才能保证皇统万世不易。于是洪武十三年（1380年）在杀丞相胡惟庸之后，罢中书省，废丞相制。1000多年的丞相制至此废除，这是中国封建官僚统治体制的一次空前的变革。

此外，规定六部分门独立，直接向皇帝负责；扩充监察机构，置都察院，与刑部、大理寺合称为“三法司”；改节制中外诸军事的大都督府为中、左、右、前、后五军都督府，遇有征战，由皇帝命帅出征。

经过此次全面改革，军、政诸大权集中于皇帝，使中央集权得到进一步的强化，最终形成权归皇帝一人的君主极权政治。

逸闻趣事

明宫好道

明代皇帝多爱好方术，宠信道士，此风始自朱元璋。但朱元璋并不放纵道教，对道教活动采取严格管理，不使冒滥的方针，其原因有三：一是以僧道太奢，对财政有影响；二是怕白莲教和其他民间宗教信徒混入僧道之中谋反；三是因僧道中多“不循本俗，污教败行”者，有碍国家法律统一。

明成祖永乐帝大体继承了明太祖的爱好与宗教政策。永乐大帝最推崇真武神，醉心于有活神仙之称的武当全真道士张三丰，形成他独具特色的道教信仰。他曾耗费百万金银在武当山修建庞大的道教建筑群，使武当山成为闻名遐迩的道教圣地。

明代诸帝中，奉道最虔诚、为时最久的是明世宗。世宗即位之初尚能励精图治，冷淡斋醮，中年以后专信道教，希求长生，不理朝政，使得道佞倖士封官进爵，直接干预朝政，后来大权旁落权臣严嵩手中，弄得朝廷内外乌烟瘴气，后严嵩被贬死，徐阶代为首辅，情况才稍有好转。

◎白云观四御殿。位于北京西城区的白云观，是道教著名宫观。

蓝玉案爆发

洪武二十六年（1393年）二月，凉国公蓝玉因为被告谋反，被杀。此次案件诛连了15000多人。

蓝玉（？～1393年），直隶凤阳定远人，常遇春妻弟，因为作战勇敢，屡建大功，于洪武二十一年（1388年）被封为凉国公。由于蓝玉在南征北战中战果赫赫，加上当时开国大将又多殁没，蓝玉便恃功骄纵，蓄养庄奴，霸占民田，不甘心屈身于宋国公冯胜、颍国公傅友德之下。即使在朝廷大宴上，蓝玉也语出傲慢，目中无人，得罪了不少同僚，也因此招致朱元璋的不满。朱元璋曾多次否决他的奏章，蓝玉心中怏怏不乐。洪武二十六年二月，锦衣卫指挥蒋瓛密告蓝玉谋反，朱元璋立即派人逮捕了蓝玉。最后，朱元璋以蓝玉与曹震、张翼、朱寿、何荣、詹徽、傅友文等人“谋为变，将伺帝出耤田举事”的罪名将蓝玉等一批元勋杀戮。于是，开国元老纷纷蒙难，朱元璋将权力更进一步集中于个人手中。

◎明代缉捕令

明孝陵成

明孝陵是明朝开国皇帝朱元璋的陵墓，坐落在南京东郊紫金山南麓。洪武十四年（1381年）开始动工，朱元璋亲自裁定了整个陵区的规划和单体建筑的形式，洪武十六年（1383年）建成。

明孝陵由前后两部分组成，前为神道部分，后为陵园主体部分。神道全长1800米，前端修建了神功圣德碑楼，石像生有狮、獬豸、骆驼、象、麒麟、飞马等6种12对或立或跪列于神道两侧，既渲染了陵墓的神秘崇圣，又是区别陵墓等级的标志。

◎明孝陵神道旁的石像生

◎明孝陵

陵园的主体部分，采用严格对称的纵轴形制。前后共分为3进院落，孝陵的前院两侧是供祭祀时使用的神厨和神库。中院后部建有恩殿，是举行祭祀活动的地方。后院为方城明楼及宝顶。恩殿和方城明楼相结合，构成了如同宫殿中的前朝后寝的陵体主体。

明孝陵的规划布局既继承发展历代的帝陵传统，又作了大胆的变革和创新。如陵墓由方形改为圆形，称宝顶；取消寝宫、扩大祭殿规模；石像生群种类和数量的调整等。这些革新成为十三陵的蓝本，导引出帝陵建筑的高潮。

朱元璋去世

洪武三十一年（1398年）闰五月初十，朱元璋去世。

朱元璋（1328～1398年），即明太祖，明朝开国皇帝。幼名重八，又名兴国，字国瑞，濠州钟离（今安徽凤阳东）人。少时贫寒，后参加郭子兴部红巾军，以其精明和处事果敢受到郭子兴的信任和重用。郭子兴死后，朱元璋以继续南征北战，并采纳朱升“高筑墙，广积粮，缓称王”的建议，巩固和扩大实力，先后消灭陈友谅、张士诚等群雄，并最终灭元，建立大明皇朝。

朱元璋以猛治国，为了巩固统治，建立健全各种政治设施，恢复和发展社会经济，还制定酷刑，严惩贪官污吏。后罢中书省及丞相，皇帝总揽大权，使封建中央集权更加集中和强化。尤其是锦衣卫和廷杖的建立和实施，使许多功勋卓著的文臣武将惨遭杀害，导致贤佞不分，遗害无穷。尽管如此，朱

◎明骑马队俑

元璋仍可称为封建社会里有作为的帝王和政治家。朱元璋在位31年，死时71岁，被葬于孝陵，谥号高皇帝，庙号太祖。随后，皇太孙朱允炆即位，成为明王朝第二代皇帝。

施耐庵作《水浒传》

施耐庵，生平不详，一般认为是元末明初人，与罗贯中生活在同一时代。

《水浒传》是第一部以民众反抗斗争为题材的长篇小说，是中国英雄传奇的最杰出的代表作。它主要描写北宋末年宋江等领导的农民起义发生、发展直至失败的过程，以艺术的形式真实地反映了封建社会的腐朽、黑暗，揭示官逼民反的社会现实。作者往往集中几回刻画一个或几个主要人物，特别是对宋江内心矛盾的细致描写，把他内心中正与邪、言与行、行与思、真与假、悲与喜等重要矛盾揭露得淋漓尽致，从而塑造了中国文学史上不多见的具有复杂性格的形象。

《水浒传》的语言是以口语为基础，经过加工提炼而创造的文学语言，其特点是准确、形象、生动、明快，有浓厚的生活气息。通过人物语言，可看出其出身、地位及所受文化教养而形成的思想习惯、性格特征。

◎《水浒传·秦张乔生衙》

◎《水浒传·单身劫法场》

《水浒传》的成功证明了民间创作和文人创作相结合是中国古代小说发展的动力，在它的影响下，陆续出现了大批英雄传奇。

罗贯中作《三国演义》

元末明初小说家罗贯中创作的《三国志通俗演义》，是中国历史演义类章回小说的开山之作，简称《三国演义》。小说用半文半白的语言写成，雅俗共赏。

《三国演义》描写了东汉灵帝建宁二年（169年）至西晋武帝太康元年（280年）110余年的历史故事，尤其集中于魏、蜀、吴三国的斗争。作品把刘蜀集团作为全书的中心，继承下来的“拥刘反曹”倾向寄托了处于民族压迫之下的汉人对汉族政权的依恋，表现出封建社会中人民拥护“明君”、反对“暴君”的思想感情。小说揭示了历史运动的内在必然性和人物无法逃避的命运和归宿，是一出震撼人心的悲剧。

《三国演义》对诸葛亮、关羽、张飞、赵云、庞统、黄忠等英雄作了热情赞扬，同时对曹魏、孙吴集团的文臣武将也予以充分描写和不同程度的肯定。

《三国演义》结束了长篇小说创作只是说话艺人底本的时代，它成功地再现历史，为同类小说的创作开辟了一条广阔的道路。

◎《三国英雄志传》刻本

◎三国故事绘画《三顾草庐图》

◎三国故事绘画《关羽擒将图》

逸闻趣事

万虎尝试火箭飞行

明代以前的火箭，作为轻火器，基本上都用弓弩发射。到了明初，发明了以火药为动力的火箭，而且火箭种类繁多，有单级和多级火箭，其中多级火箭堪称中国古代的重大发明。在火箭种类繁多、广泛运用的基础上，万虎设想用火箭载人飞行，他在一把坐椅的背后装上47个当时最大的火箭，并把自己捆在椅子前边，两手各拿着一个大风筝，然后令仆人同时把这些火箭点燃，以借助火箭向前推动的力量加上风筝的上升力量飞向天空。这次试验没有成功，但万虎被公认为世界上最早试图利用火箭来飞行的人。万虎尝试火箭飞行，为后人研制飞行器提供了重要的参考资料。

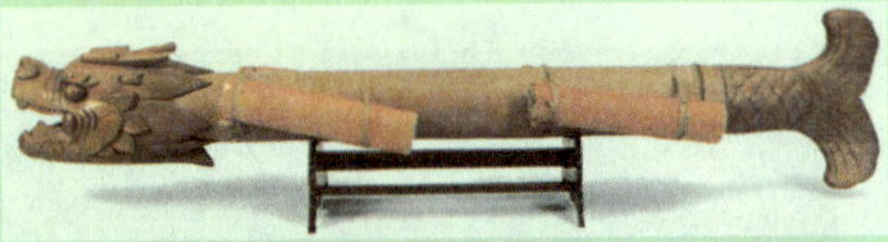

◎明火龙出水。这是世界上最早的二级箭。用竹筒做成龙形，龙的两侧各扎火药筒，点燃后，将龙身推动飞行，这是第一级。在龙腹中装有火箭，待龙飞入敌阵时，腹中的火箭被点燃，从龙口中发射出去以命中敌方，为第二级。因为从船上发射，故称“火龙出水”。

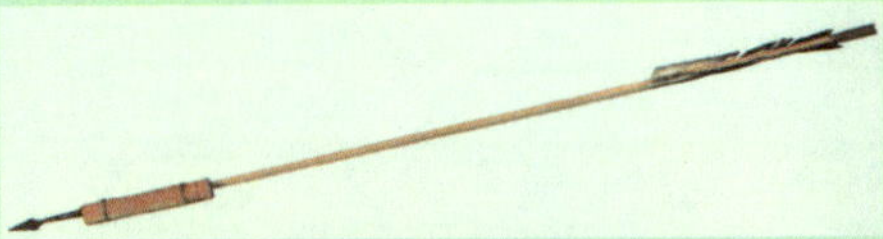

◎明火箭。在箭杆前端缚火药筒，利用火药反作用力把箭发射出去。这是世界上最早的喷射火器。

文化小辞典

明官服体系集汉官官仪大成

明代文武官员的冠服有朝服、祭服、公服和常服等。

朝服：一品官七梁冠，依次递减至五品三梁冠；六品、七品二梁冠；八品、九品一梁冠。凡大祀、交战、冬至及颁诏、进表、传制时，官员服用朝服。公冠八梁，加笼中貂蝉，立笔，前后玉蝉；侯七梁冠，笼中貂蝉，立笔，前后金蝉；驸马同侯，但不插雉尾。

祭服：文武官员分献陪祀用祭服。

公服：公服穿袍，一品至四品，绯袍；五品至七品，青袍；八品，九品绿袍。袍的花纹以花径大小分别品级。腰带一品用花或素的玉，二品犀，三品、四品金荔枝，五品以下用乌角。凡每日早晚朝奏事、侍班、谢恩时服之。公、侯、驸马、伯的服饰等与一品同。

常服：明朝官员在本馆署内处理公务则穿常服。官员凡常朝视事用乌纱帽，团领衫束带，一品用玉带，二品花犀，三品金钑花，四品素金，五品银钑花，六品、七品素银，八品、九品乌角。公、侯、驸马、伯与一品同。此外，用补子花样以示等第是明代官服的重要特点之一。公、侯、伯、驸马绣麒麟、白泽。文官一品用仙鹤，二品用锦鸡，三品用孔雀，四品用云雁，五品用白鹇，六品用鹭鸶，七品用鸂鶒，八品用黄鹂，九品用鹌鹑；武官一品、二品用狮子，三品、四品用虎豹，五品用熊罴，六品、七品用彪，八品用犀牛，九品用海马。

◎历代帝王像

明代对于文武官员服饰和鞋履都有严格的制度规定，其服饰文化的理论是构筑于中国传统礼教的框架之上的。

建文帝议削藩

早在朱允炆为皇太孙时，就对诸皇叔手中的权力深感忧虑，曾与伴读老师黄子澄定削夺诸王权力之计于东角门。即位之后，即付诸实践，起用齐泰为兵部尚书，黄子澄为太常寺卿兼翰林学士，一同谋划削藩之策。齐泰认为既然削藩，必先从燕王下手，因为燕王居诸强藩之首，一旦剪除其势力，其余诸藩王自然无力抗衡朝廷。而子澄则认为，燕王久居北平，拥有重兵，轻易废除，颇有风险，不如先从周王朱橚下手。理由是周王在洪武时就多行不法，削之有名；加上周王是燕王的同母弟，废黜周王，也是剪除燕王羽翼之举，可收一箭双雕之效。最后，朱允炆采纳了黄子澄的建议。

◎黄子澄像

洪武三十一年（1398年）七月，恰遇周王次子告朱橚图谋不轨，于是，朱允炆密令曹国公李景隆以备边为名北上，兵临开封时，突袭周王府，将周王逮至京师，并谪遣到云南蒙化。接着征齐王至京师软禁，又幽代王于大同；诏逮湘王，湘王因恐惧而自杀；废岷王，徙彰州。又于建文元年（1399年）二月，诏令诸王不得节制文武史士。削藩政策实施得较为顺利。然而，当朱允炆经过一番准备，着手削夺燕王权力时，建文元年（1399年）七月，朱棣“靖难”师起，展开了宗室内部的皇位争夺战。

◎南京报恩寺塔构件。建于明永乐年间。

燕王起兵靖难

早在建文帝削藩之初，燕王朱棣即深感恐惧，在僧道衍的策划下密谋举兵。建文元年（1399年）正月，建文帝朱允炆从葛诚口中得知燕府诸事，遂让葛诚为内应。后燕王将举兵之事败露。于是，建文帝密令张昺、谢贵谋取燕王。张、谢奉朝廷密令调集卫卒入城，而建文帝也派内使持诏书赴北平逮捕燕王官属。七月初六，北平都指挥使张信告密，把朝廷密敕和盘告诉朱棣。当时北平满是谢贵所帅军士，而朱棣王府护卫的精锐兵卒早被调到开平。朱棣忙与僧道衍、张玉、朱能商讨对策。朱能提出须先擒杀统兵将领张、谢二人，道衍则献计让燕王诏张、谢入府而后擒杀。朱棣依计而行，张昺、谢贵被骗至王府束手就擒。朱棣军士经过与北平守军一夜的激战，于黎明时分尽数攻克九座城门。七月初七，朱棣聚集将士隆重誓师起兵。

朱棣为寻求师出有名，同时上书以讨伐齐泰、黄子澄，以“清君侧、扶国家之既坏”为名，堂而皇之地自称“奉天靖难”，从此揭开了朱明王朝历史上长达4年的“靖难”战争的序幕。这实际上是封建皇族内争夺帝位的武装斗争。

燕军攻入京师·建文帝下落不明

建文三年（1401年）二月，朱棣率燕师南下。二十二日，燕军与盛庸的军队交战，两军不分胜负。次日，两军再战，因天气陡变，南军退守，燕师乘胜追击，大获全胜。之后燕军经过的诸郡县皆闻风降燕。三月，建文帝以夹河之败为借口罢免齐泰、黄子澄，企图通过此举向燕军妥协，希望燕军自此班师回朝，但这反而让朱棣“诛奸除恶”的借口合法化。四月，朱棣拒绝朝廷请求罢兵的诏令。八月初二，燕师攻克保定。建文四年（1402年），燕军和南军又在直沽、扬州等地多次展开战争，建文朝廷每况愈下，一些武臣干脆归降了燕王。五月二十日，建文帝无奈颁布“罪己诏”，征兵勤王，同时还命令出外募兵的齐泰、黄子澄共谋对付意欲渡江的燕军。五月二十二日，建文帝派遣庆成郡主渡江议和，朱棣回拒。六月十三日，朱棣率大军抵达南京城下，京师自此陷落。宦官开城门迎接，宫中火起，建文帝朱允炆不知所终，成为千古之谜。

朱棣即帝位·创内阁制

明建文四年（1402年）六月十七日，燕王朱棣即皇帝位，是为明成祖文皇帝。

朱棣诏令当年仍以洪武三十五年为纪，次年（1403年）为永乐元年。建文中所改易的祖宗成法都要革除，一切恢复旧制。他在恢复诸王爵禄后暗中开始“削藩”，将边塞诸王迁回内地，同时收回诸王对将帅的指挥权；重申不许诸王过问地方事务；对犯有过失的诸王，先书面告诫，继而示以惩罚，最后或废为庶人或加以惩治。这一策略较建文帝的措施更隐蔽，实施也更从容，收到了削藩效果又不致酿成祸乱。

朱棣登基后，还起用了一批资历浅而干练的文臣参预机务。刚开始

◎塔尔寺大经堂内景

◎明成祖朱棣

时，朱棣选解缙、黄淮入文渊阁，同预朝廷机密重务，后又命胡广、杨荣、杨士奇、金幼孜和胡俨与解、黄二人一起做皇帝顾问，称之为内阁。他们分掌文案，综理制诰，不过这时的阁臣秩为五品，而且不设官属，不辖诸司事务，经洪熙、宣德两朝，内阁制度才趋完备。

郑和七下西洋

明成祖朱棣即位后，为了控制海内，耀威异域，抚剿逃亡海外之臣民，获取海外珍宝异货，从永乐三年（1405年）六月起遣郑和多次下西洋。郑和（1371～1435年），本姓马，小名三保，回族，云南昆明（今并入晋宁）人。朱元璋平云南后，郑和投靠朱棣，明初入宫做宦官，靖难立战功，赐姓郑名和。

永乐三年（1405年）六月十五日，郑和与副使王景弘奉命第一次出使西洋。其船队总共27800多人。分乘大船62艘，小船200余艘。船队满载丝绸瓷器等物由苏州刘家河（今江苏刘家港）渡海到福建，又从福州五虎门扬帆启航。船队先抵占城，再南航至爪哇。永乐五年（1407年）在旧港擒获海盗陈祖义。船队继续西行，

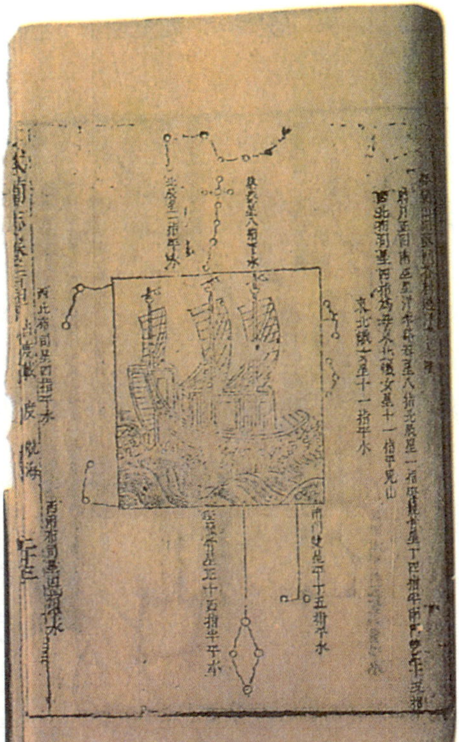

◎郑和下西洋所用的航海牵星图

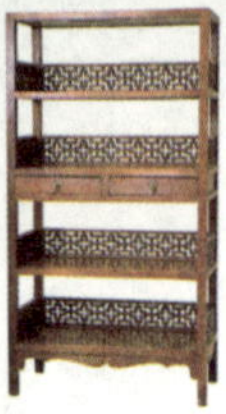

◎1957 年在南京龙江船厂出土的宝船用的长 11 米的大舵杆

◎郑和下西洋的宝船模型

经过苏门答腊，南浡里、锡兰（今斯里兰卡），到达左里（今印度科泽科德）。郑和在此地立碑，以作纪念。这支庞大的船队在此返航，于九月回到国内。

之后郑和又于1407～1409年、1409～1411年，1413～1415年，1417～1419年，1421～1422年，1430～1433年6次出使西洋，总计28年间七下“西洋”。

明宣德五年（1430年）六月初九，郑和奉命第七次下西洋。当时安南事件已结束，且宣宗认为自登基以来，诸番久未朝贡，故他特命郑和重下西洋。郑和率载有27550人的61艘大型宝船，从南京出发，两日后驶至刘家港，并在此刻石立碑，记述历次出使情况。之后，船队出海，先后访问了占城、爪哇、旧港、满剌加、苏门答剌等国。郑和派一支船队直航非洲

◎郑和下西洋路线图

东岸，访问木骨都束、不剌哇、竹步；同时派另一支船队直航古里，访问祖法儿、剌撒、阿丹。他本人则率大宝船经锡兰、古里，直航忽鲁漠斯。此次西航，船队曾到麦加访问，以麝香、磁器等物换回各种珍贵异兽，并画了天堂图。宣德八年（1433年）六月二十一日，船队驶返到达刘家港。而郑和则于二月病逝于归国途中的古里国（今印度西南海岸科泽科德一带）。

郑和的船队经南海马六甲海峡、印度洋、波斯湾，到达东南亚及印度、非洲30多个国家和地区，最远到非洲东海岸红海海口及麦加。所到之处，即以丝绸、瓷器、铜铁、金银等换取乳香、珍宝及奇禽异兽等。除载货物商品外，船上还有粮食、淡水等生活必需品，有通书、行人、管带及医生、书算，也有技术人员。远航过程中，他们随时记录航向、所经港湾及暗礁、浅滩的分布，绘制了《郑和航海图》。其随行人员马欢著有《瀛涯胜览》，费信有著《星槎胜览》，巩珍著有《西洋番图志》等记述航海见闻，史料价值颇高。郑和不仅是贸易代表，还是外交使节，他的出使加强了与所访国家的联系和友好往来。仅永乐二十一年（1423年），就有来访使臣1200余人。郑和下西洋丰富了人们对世界的认识。他立的《通番事迹记》、《天妃灵应之记》碑，也成为航海史上的重要文物。

文化小辞典

《郑和航海图》

15世纪中叶，《郑和航海图》印行，它是世界上现存最早的航海图，比荷兰瓦赫纳尔的两卷航海图集（1584年、1585年）要早100多年。

《郑和航海图》原名为《自宝船从龙江关出水直抵外国诸番图》，后登载于明天启元年（1621年）茅元仪著《武备志》240卷中，它是郑和7次下“西洋”的产物。《郑和航海图》是一册图集，共24页，包括《过洋牵星图》2本。航海图以中国南京为起点一直到非洲东海岸的肯尼亚，详细记载了航道位置及方位、航程远近、停泊地点及暗礁浅滩分布等，是一张完整的亚洲和非洲之间的航海图。图上共收地名500多个，包括外域地名300多个，是现存15世纪内容最丰富的一部航海图，也是中国地图学史上最早的一部航海图。图中记述了郑和在宣德五年（1430年）最后一次远航的主要航

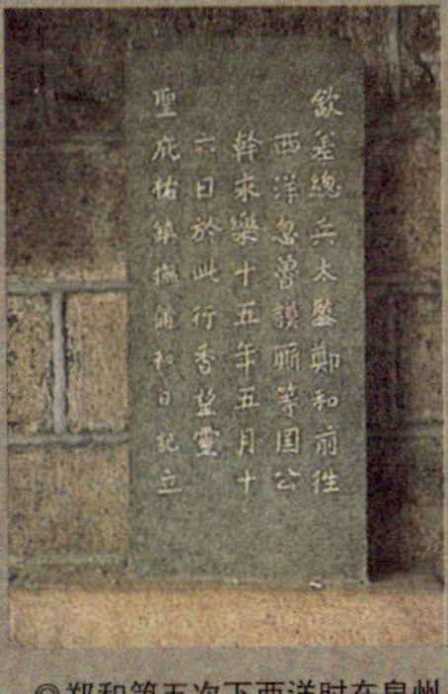

◎郑和第五次下西洋时在泉州吴山伊斯兰圣墓行香祈求航海平安而刻立的石碑

线。自左至右保持连贯。航线上注有航向、方位、航程、距离、表示了所经海区的主要港口、河口、岛屿、浅滩，以及沿岸陆地上的山形，可作为航海目标的桥梁宝塔、旗杆等。《过洋牵星图》是用星辰测向定位的专用图，相当于现在的天文导航图。

《郑和航海图》内容比较丰富，地理名称详细，在地图制图史上具有重要地位，为研究中国古代航海史提供了宝贵资料，也为研究古代中西方交通提供了珍贵资料。

◎郑和第七次下西洋时所用航海图

《永乐大典》修成

永乐五年（1407年）十一月，由解缙主持的《永乐大典》历时五个春秋而修成，全书共22937卷，11095册，是中国历史上规模最大的一部类书，也是迄今世界所公认的一部大型百科全书。

以往类书均偏重于收辑儒家经典、史传文集，而《永乐大典》所收典籍极为广泛，共8000多种，上自先秦，下至明初的经史子集百家之言以及天文、地理、阴阳医卜、僧道技艺等，并分门别类整段整篇抄入，不改一字，使许多古代的文献得以保存流传。

《永乐大典》成书后，一直为明帝王御用之物。其所征书籍，均据文渊阁所藏宋、金、元精本摹写，堪与现存通行本校勘。清乾隆年间修《四库全书》就从《永乐大典》中辑出385种典籍。而清代也曾依此大典校勘群书。现今已从大典中辑出佚书590种，其中120种无传本。

成祖朱棣迁都北京后，《永乐大典》被运到北京文渊阁贮藏。《永乐大典》初无副本，因嘉靖三十六年（1557年），故宫文渊阁附近的奉天、华盖、谨身三殿起火，《永乐大典》虽得及时抢救而逃此一劫，但明世宗朱厚熜为了避免不测事情发生，决定重录一部副本。副本于嘉靖四十一年（1562年）秋开始重录工作，隆庆元年（1567年）完成。所录

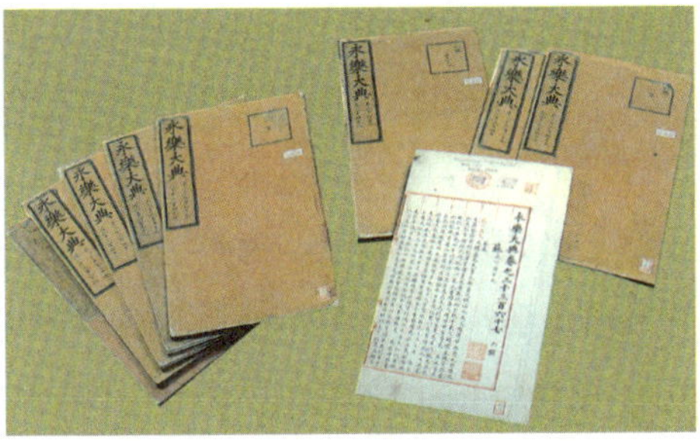

◎《永乐大典》

副本与永乐正本的格式装帧完全一致，并被贮藏于皇史宬。

《永乐大典》正本到明末就下落不明。副本于康熙年间被发现，却已残缺。此后日益缺失，后经多方收集，散藏于世界各地的仍有约800余卷。

《救荒本草》成

朱橚，明太祖朱元璋的第5个儿子，自幼好学。朱橚收集河南野生食用植物进行栽培，绘制根、茎、叶、花、果实等部分，并叙述其产地、形态、性味以及食法，著成《救荒本草》。

《救荒本草》原书2卷，共收录记载植物414种，其中已见于历代本草者138种，属新增加的276种。计有草部245种、木部8种、米谷部20种、果部23种、菜部46种。

◎明代吹药器。用此器具将药散喷到喉部，设计十分巧妙。

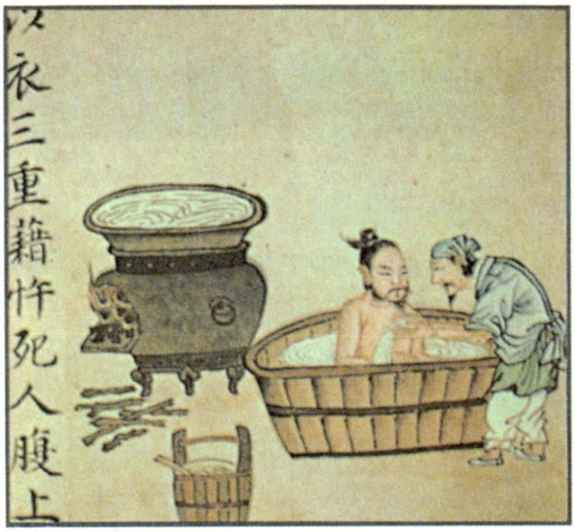

◎药浴图

《救荒本草》具有通俗性、实用性和科学性三个特点：第一，此书是为食不果腹的饥民写的保命救生之书，所以力求通俗易懂，作者为此下了很大功夫。一是为难字注音；二是运用形象比喻；三是描述植物特征时，普遍采用对比法来比较植物种类间根、茎、叶、花、果实、形状、颜色、大小；四是图文并茂。第二，实用性。书中把野生植物救饥的方法和经验记载下来。一是采摘后无需加工可直接食用的，这是救荒最简便的食法。二是腌制和干藏。除了临时果腹外，还需为今后数月的生存积攒活命之粮，这就需要腌制和干藏野生植物。三是需要浸去异味后才食用的，这是此书着重记述的基本救饥法。四是需要制成淀粉后再食用的。五是对一些含毒成分较多的植物，提出了加土同煮、同浸泡的去毒法。第三，科学性表现为对植物特性的描述相当细致和准确。

《救荒本草》是一部重要的野生食用植物专书，很早就流传到国外，在日本先后有刊刻和手抄本多种传世。

造船业兴衰

明代造船业分官营和私营两种。明代前期，官营造船业空前鼎盛，并为郑和下西洋这一人类航海史上的壮举打下了基础。官营造船主要分布在海运交通口岸、对外贸易基地以及海防驻军卫所，船厂中集中了大批技术高超的工匠，他们各专其能，分工细致明确，加之不需计较成本，故所造船只质量较高。

但经过仁宗、宣宗、英宗反复禁造宝船，官府造船业开始衰落。工匠们因不满官府造船厂的人身束缚，常以逃亡、怠工、故意降低船只质量等方式进行反抗，致使海船下水后常发生事故。

◎沙船模型

嘉靖十三年（1534年）陈侃出使琉球时，不得不访求民间工匠造船。

明代中后期，海外贸易的发展却促使了民间造船业迅速勃兴。规模较大的民间造船厂，拥有不少是原官府船厂的能工巧匠。而且船主、商主的生命财产均维系于船只，对船只的质量有很高要求。但因朝廷严禁民间制造大船，故海船规模远不及郑和所用的宝船。

明代商业资本兴起

朱元璋一方面主张重农抑商；另一方面又认为商人的活动能满足官府和民间的需求，主张给商人一定的社会地位。明政府为贯彻这种思想，建立了一整套控制商业的制度，并废弃宋元时代的繁文缛节，简化商税，对官吏额外苛求、为难商人的行为严加惩处。

明中叶以后，出现了人数众多的商人群体，形成许多地方性的商人资本集团，如山西商人、徽州商人、江西商人、关陕商人等。这些集团利用低买高卖、以次充好等手段，榨取直接劳动者，积累了相当雄厚的资本。

为了使资本充分发挥作用，有些商人把商业资本直接投资于生产中，如染布、织绸、制茶、造纸、酿酒等，并雇用大量的雇工和奴仆从事生产，从而转化为产业资本。有些商人

◎货郎图

则直接向小生产者统一分发原料，令小生产者为其加工，计件付酬，实质上成为控制家庭手工业者的工业资本家，这是商业资本向工业资本转移的一个重要形式。

明代富商往往和官吏结合，依靠封建特权经营，独占商业利益，以增殖其资本。获利则用来购买土地，从事封建剥削，集大商人与大地主于一身。一般小商人稍有积蓄后也将资本投放在土地上，直接榨取农村生产者。此外，他们还与高利贷结合，经营当铺、质库，向广大小生产者进行盘剥，并将高利贷资本直接深入到手工业和农业生产中去以增殖其资本。这种官商结合的模式带有浓厚的封建色彩，是中国封建社会不同于欧洲城市的一个重要特点，也是中国资本主义萌芽发展缓慢的一个重要原因。

商业市镇林立

从宋元时开始，集市庙会贸易出现，到明朝中后期，这类定期商品交换的重要形式更加繁荣，从首都到州县乡镇都有举行。

这时商品交换繁荣的另一种引人注目的现象是作为手工业和商业中心的市镇的大量出现。这类市镇全国都有，经济发达的江南地区数量尤多。每个市镇都有发达的商业，且往往有

◎杭州北关夜市

◎《皇都积胜图卷》。描画了明京城及郊外市场商贾云集、弹唱说书的繁华景象，表现了明“洪武之治”、“永乐之治”的繁盛风貌。

很高的专业化特色。江南地区形成了五大手工业区域，即松江的棉纺织业，苏杭的丝织业，芜湖的浆染业，铅山的造纸业和景德镇的制瓷业。

明代的棉花产区主要是江南，松江府及太仓州也成为棉织中心。蚕桑和丝织业中心也集中在江南，分布在太湖流域和浙西杭州、嘉兴、湖州等广大地区。吴江盛泽镇在明末发展成丝织巨镇。

商业市镇兴起的同时，各级行政中心的城市的经济机能也不断加强。这种情况的形成或是因其有发达的手工业做基础，或是因其地处水陆交通要道，或是因其具有某些地区政治、经济和文化中心的地位，或是因其地处沿海有通商海外的便利。

这些集市庙会、市镇和城市一起构成了明代的商业贸易网。

东厂设立

朱棣即帝位之后，害怕臣民不服，便命太监以及官校四出侦探，探听他人隐私，并搜集奏报。永乐十八年（1420年）八月，朱棣定都北京，随即在东华门北设立东厂，专理刺探臣民谋逆妖言、大奸大恶之事。但是朱棣又担心外臣徇私情，不能反映实情，特命亲信太监做东厂提督，管理缉访之事，把大大小小的事情报告皇帝。从此，太监提督东厂成为常例。太监作为提督，具有随意逮捕、刑讯朝野臣民的特权。朱棣为了平衡锦衣卫与东厂权势，既由锦衣卫调充东厂属员，又令东厂太监监视锦衣卫。二者相互依赖，彼此制约，共同对皇帝负责。东厂设置之后，宦官权力益重，群臣百姓都不敢得罪他们，稍有违逆，便会招来杀身之祸，由是宦官专横之态无以复加。东厂的设立，为成祖监督百官提供了耳目，但也使国家陷入恐怖状态。

◎明彩塑太监像

定都北京

永乐十八年（1420年）十一月，北京宫殿即将告成。朱棣决定迁都北京，于是诏示天下，并昭皇太子及皇太孙限期十二月底到北京，从次年正月起，将原京师改为南京，北京为新京师。设六部，去“行在”之称，并取南京各印信给京师诸衙门，另铸南京诸衙门印信，皆加“南京”二字。十二月，北京郊庙、宫殿落成。改建的皇城比原城东移1里有余，奉天、华盖、谨身3殿，乾清、坤宁两宫及午门、西华、东华、玄武4门等，完全同于金陵旧制，只是比其更弘敞。又定

◎太和门前的铜狮。狮子俗称兽中之王，性凶猛，因此多雕铸成石狮或铜狮分列于宫殿、寺庙、陵墓、官府等重要建筑大门的两旁，作为护卫建筑群入口的象征。太和门前左右各有一只青铜铸造的狮子，狮身作蹲坐状，连同青铜基台座落在汉白玉石雕须弥座上，威武壮观，使太和门增添了威严的气概。

◎天安门屋顶山花板。花板上满布着用金线和绶带组成的纹饰，红色底子上用单一的金色，在阳光照耀下，它与屋下的彩画相互辉映，构成了皇家建筑金碧辉煌的装饰特征。

于皇城东南建皇太孙宫，于东南门外东南建十王府邸。

永乐十九年（1421年）正月初一正式迁都北京，十一日大祀南郊，十五日大赦天下，从此北京就成了明王朝的都城。

明故宫落成

永乐五年（1407年）至十八年（1420年）建成故宫，历时14年。明故宫是在元大都宫殿基础上，依照明南京宫殿的格局规划建造的，当时集中了全国的优秀匠师，动用了30多万士兵和民工。

明故宫南北长960米，东西宽750米，周长3420米，周围筑有高10余米的城墙，墙外环以宽52米的护城河。明故宫有4门，正南名午门，正北名玄武门，东名东华门，西名西华门。故宫占地72万平方米，房屋9000余间，建筑面积15万平方米，多层砖木结

◎紫禁城后三宫全景

构。整个建筑群按中轴线对称布局，层次分明，主体突出。全部建筑可分外朝、内廷两大部分。外朝以奉天、华盖、谨身三大殿为中心，文华、武英殿为两翼，是皇帝举行各种典礼和从事政治活动的场所。内廷以乾清宫、交泰殿、坤宁宫为主体，以及养心殿、宫后园、外东路、外西路等，是皇帝处理日常政务和居住之处。

明故宫设计的指导思想，就是要突出表现帝王至高无上的绝对权威，达到巩固王权统治的目的。从宫殿建筑的总体布局到个体建筑设计，以各种手段创造出的艺术形象，都是为了体现这个指导思想。为了表示威严壮观的气势，其主要建筑都严格地布置在中轴线上，而整座宫殿又是以三大殿为中心来组织各种建筑，因此三大殿占据了宫殿的最主要空间，庭院占地也最为广阔，并在其前部布置一系列大小形状不同的庭院和门阙作为前导，步步深化，有力地渲染出奉天殿的主导地位。在建筑的具体处理上，依据诸宫殿建筑的不同功能和地位，采取不同的规模、屋顶形式，以及

©故宫鸟瞰

不同的装饰手法来表现建筑的等级差别，使建筑打上明显的等级烙印。

它是我国现存最大、最完整的帝王宫阙，也是世界上最著名的古代建筑群。其建筑与都城规划紧密结合，在总体布局和空间组织方面统一中求变化，体现了中国明代建筑艺术的辉煌成就。明故宫在清代得到扩建重修。

小辞典 文化

孔庙

©太和元气坊

由于孔子和儒家学说为历代统治者所推崇，孔子被誉为“至圣文宣王”，因此，全国各地修建的名人祠庙中，孔庙的地位最特殊最宏阔壮丽。自汉代“罢黜百家，独尊儒术”起，孔庙被列为国家修筑的祭祀建筑，特别是自唐宋以后，尤其在明代，各名都大邑及府县都普遍建孔庙，又称文庙，并常与府学合建在一起，形成左庙右学之制，成为府州县城市规划建设不可或缺的组成部分。

经历代统治者不断重修扩建，曲阜孔庙由最初三间旧宅扩充为占地约10公顷的宏大庙宇。其建造历史跨度长达2000多年，这在中国乃至世界建筑史上都是极为罕见的。各地文庙建筑亦均以曲阜孔庙为蓝本，主要包括棂星门、泮池、大成门、大成殿及作仪礼和舞乐的露台，成为文庙建筑的标准模式。

明成祖死于第五次北征

明永乐二十二年（1424年）正月，阿鲁台再次进犯大同、开平（今内蒙古多伦一带）。明成祖于四月初四出师蒙古，开始第五次北征。当大军进至隰宁时，阿鲁台早已逃走，其部属也四散离去。成祖不想再无功而返，于是命令大家追击、搜寻。其时适逢大雨，天气恶劣，士卒中有许多人病死。成祖于是下令明军各部兵分几路穷搜山谷，仍未发现阿鲁台踪迹。此时，因远征耗时日久，粮草不足，成祖决定退兵。七月十八日，成祖回师至榆木川（今内蒙乌珠穆沁东南）时，因病去世。

明成祖在位22年，曾5次亲征漠北，沉重打击了蒙古内部的割据势力；先后6次派遣郑和下西洋，增强了我国与亚、非各国在政治、贸易、文化上的往来。他倡导编撰的《永乐大典》对保存我国古代文化典籍具有重要历史意义。

◎明成祖朱棣的陵墓——长陵

成祖逝世后，皇太子朱高炽即位，是为仁宗，第二年改年号为洪熙。阿鲁台听说成祖已死、仁宗即位后，即派使者前来贡马。仁宗下诏免去阿鲁台所犯之罪。从此，阿鲁台仍然每年遣使朝贡。

汉王朱高煦谋反失败

朱高煦（1384～1426年）是明成祖的第二个儿子，“靖难”时立有战功，多次营救成祖于危难之中，于是恃功骄恣，凶悍不法，妄想篡夺太子之位。

1425年六月，他曾企图伏击宣宗，结果失败。宣德元年（1426年）八月初一，朱高煦趁北京地震之机，在乐安（今山东广饶东北）谋反，设立王军府、千哨，分官授职，并勾结国公张辅作内应。

宣宗在大学士杨荣的劝谏下御驾亲征朱高煦。高煦无力抵抗，只得投降，余党都被擒获。宣宗兵不血刃，大胜而还，将朱高煦软禁在西安门内的逍遥楼。参与谋反的王斌、朱恒及天津、山东各都指挥640多人全部被处死，发配边关者达1500人。朱高煦被

◎朱瞻基《武侯高卧图卷》

◎祈年殿

囚禁后仍不思悔改，一日，宣宗前来探视，他乘宣宗不注意，伸脚将宣宗绊倒，宣宗大怒，当时就命令力士用铜缸燃炭将朱高煦炙死，汉王诸子也全部被杀。

天坛建成

天坛是明清帝王祭祀天地和祈祷丰年的建筑。北京天坛亦体现古制，祭天的坛为圆形，称圜丘；祭地的坛为方形，称方泽。表明“天圆地方”的观念在天地坛形制得以表现。

北京的天坛，位于正阳门外东侧，沿北京城中轴线与先农坛（原称山川坛）东西对峙，整个建筑群由内外两重围墙环绕，占地280公顷，4倍于紫禁城的规模。

北京天坛始建于明成祖永乐十八年（1420年），原称天地坛，整个天坛建筑群按使用功能不同分4组。祭天的圜丘及附属建筑；祈年殿及附属建筑；皇帝祭祀前斋宿处斋宫；饲养祭祀牲畜的牺牲所和乐舞人员居住的神乐署。圜丘和祈年殿为主体，南北相对，以一条长400余米，宽30米，高出地面4米的砖砌甬道丹陛桥连接。

天坛在总体规划布局及单个建筑的艺术造型上，既体现了崇高、神圣和“天人合一”思想，表明“受命于天”主题，又把建筑平面设计为圆形，附会“天圆地方”的宇宙观。

明中叶出现资本主义萌芽

随着明朝商品经济的活跃，社会分工得到发展，并由于推行一条鞭法带来的封建人身关系的松弛，市场上出现了自由劳动力买卖，雇佣关系得到发展，这些都为资本主义的萌芽创造了条件。

明朝中叶，即15世纪后，资本主义萌芽首先出现在江南地区的手工业中。工场手工业是手工业中资本主义萌芽的主要形式。杭州丝织业发达，许多机户开始雇佣纺织能手，付以一定的工资，丝织业中雇佣关系就此出现。

在明朝后期的苏州，机户甚至发

◎常熟翁氏旧藏明人画《南都繁会景物图卷》

展到3万家以上，受雇织匠的数量相当可观。机户一般出机，而机工出人力，完全脱离了生产资料，成为一无所有的劳动者，机工在一定程度上摆脱了政府的控制，是可以随意出卖劳动力的自由人。他们与依靠占用生产资料进行剥削的机户之间纯粹是一种资本主义性质的货币关系。

在矿冶业方面，随着民营矿业的发展，出现了不少规模较大的冶铁手工工场。在这些工场中，也出现了资本主义萌芽。如在徽州，有资本的富户租赁矿山，寻找矿穴，招集百姓，付以工资，促使他们炼铁以赚取利润。而在广东，冶铁业规模更大，从开矿、烧炭、冶炼到运输，形成了完整的生产线。这些工场中的劳动者都是雇佣而来的，与雇主之间具有资本主义雇佣劳动的性质。

明代后期，出现了一些拥有巨资、雇工很多的大型油坊，从中产生了资本主义生产方式的萌芽。这方面最突出的当推浙江嘉兴府崇德县石门镇的榨油业。万历年间，该镇共有油坊20家，雇有工人800余人，干一天活，可挣二铢的工资。很明显，这些油坊中的工人都是雇佣而来，丧失了土地，成为纯粹依靠出卖劳动力为生的无产者。他们与坊主没有任何的人身依附关系，油坊主人完全可以脱离劳动，依靠剥削雇工的剩余价值为生。类似这样的在其他地区榨油作坊亦有，如苏州吴县的新郭及横塘一带，就有不少人开设榨油作坊谋利。

农业中的资本主义萌芽主要表现为富裕农民或富裕佃农雇工经营商品性生产、地主雇工经营商品性生产和商人租地经营农业三种形式。主要地区是在苏、杭、嘉、湖等商品作物种植比较发达的地区。雇工们多数来自因地主兼并土地、官府征赋派役或在竞争中破产的农民。雇主雇工多者数十人，少者三四人。雇工按受雇时间长短分为长工、短工和忙工，受雇期间必须日夜为雇主照看田地。总之，明中叶不论是在手工业中还是在农业中都出现了资本主义的生产关系。

明代中叶中国出现的资本主义萌芽尽管局限于少数地区和行业，在整个社会经济中只不过是晨星数点，地位微不足道，发展也很缓慢，但它标志着古老的封建社会已经走向没落。

明代出版印刷事业极盛

明代的刻书事业，是我国出版事业和印刷技术发展史上的极盛时期。明代由于各级官府重视，官刻本盛行。与此同时，刊刻精良的私家刻本也盛行一时，坊刻本广泛分布，印刷装帧技术日益完善，这些导致了集编、刻、售三位一体书业专行的出现。

明代官刻书以内府刻本、监本和藩刻本为代表。内府刻本指宫廷刻书，其刻书多为制诏律令及经史文集。监本即国子监刻本。藩刻本为明王朝分封的各个亲王府所刊刻之书。藩刻本刻书量多，校刊精当，成为明代官刻的特色。

除了官刻书，明代中期私家刻书风气甚盛。毛晋自明万历至清顺治四十多年间共刻书600余部之多，其所刻如《十三经注疏》《十七史》《文选李注》等，均为鸿篇巨制。

明代书坊所刻图书品种多，数量大，以人们日常所需的各种医书、科技书、经史书以及文学作品和通俗读物为主要内容，但质量不及官刻和私刻。

明代福建建阳的崇化、麻沙两镇书坊林立。崇化镇每月以初一、初六为集，当天书商云集，甚为繁华。南京地区的刻书在全国也占有重要地位，共有书坊近60家，其中以唐姓几家最为著名。虽然明代的雕版印刷技术发展到了顶峰阶段，然而不论在官府还是在私人藏书家中，抄书仍被视为藏书的重要手段。明成祖永乐年编成的《永乐大典》，就有手抄副本一套。抄写本对收集、保留古代文献，使之流行公布于世起了重要作用。由于许多手抄本一直未付刊印，其价值弥足珍贵，历来为后人所珍视。

明代印刷和装帧技术日益完善。首先是铜活字印刷得到普遍的应用。无锡华氏、安氏两家的铜活字印书最有名。明代的木活字也较元代更为流行，可考的约100余种。版画、套版、饾版和拱花技术也达到了很高水平。

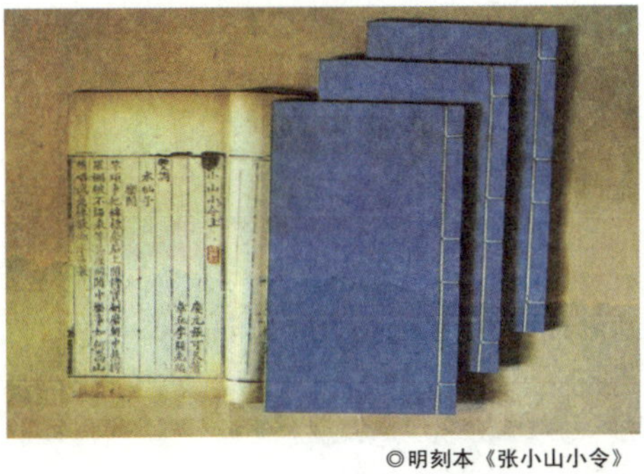

◎明刻本《张小山小令》

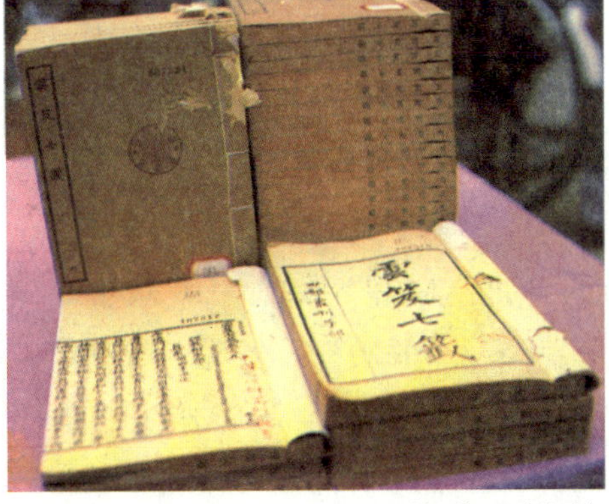

◎《云笈七签》四库丛刊本

明代中晚期我国版画鼎盛，形成了不同风格的各种流派。如粗放的建宁派，疏朗生动的金陵派和精致婉丽的徽州派版画，都极富盛名。同时套印术发展迅猛，出现了三色本、四色本甚至五色本，饾版和拱花技术也相继问世，使我国雕版印刷技术达到了登峰造极的地步。明代中期书籍的装订产生了线装，并且所刻字体极力摹仿宋体，字体横轻竖重，方方正正，行格疏朗，成为一时风尚。

随着出版及印刷技术的鼎盛，出现了集编、刻、售三位于一体的书业专行。福建建阳的很多书坊最具代表性。这些书业专行刊行大量的医书和小说，而且有些书附有插图，图文并茂，深受读者欢迎，行销海内外。

◎明代景德镇瓷器御制厂

◎明红釉盘

◎明青釉三系盖罐

景德镇发展为中国瓷业中心

中国制瓷工艺发展到明代，进入到以彩瓷为主的灿烂的黄金时期，尤以景德镇名闻天下，成为中国瓷业的中心。特别是彩瓷、青花瓷及色釉瓷，烧造成就更为显著。

◎明釉里红缠枝菊纹大碗

景德镇制瓷技术的主要成就是：创造了“脱胎”瓷器，器壁几薄如纸，酷似“脱胎”；发明了吹釉法；釉下青花术成为全国瓷器生产的主流；开创了釉下青花和釉上多彩相结

◎明青花红彩龙纹碗

合的新工艺；高温单色釉和低温单色釉技术有了较大的提高；筑窑技术也有了重大发展，成功地构筑了倒焰式馒头窑，并创造了阶梯式龙窑。

景德镇的瓷器品种有青花瓷、点彩、釉上彩、斗彩、五彩等。按照年代的不同，则又可分为洪武窑、永乐窑、宣德窑、正统窑、景泰窑、天顺窑、成化窑、弘治窑、正德窑、嘉靖窑、隆庆窑、万历窑、天启窑、崇祯窑等。洪武窑出的青花一般色泽偏于暗黑，在图案装饰方面多留白地，菊花纹使用较多。如上海博物馆藏有洪武釉里红缠枝菊纹大碗，形制硕大，满绘釉里红菊花纹，是典型的洪武之作。永乐窑造型优美俊秀，体胎厚薄适度，仪态万方。器型有受外来影响者，如无档尊、执壶、花浇、折沿盆等，有的还有阿拉伯文字。所造甜白釉半脱瓷器是景德镇单色釉瓷器发展过程中的一大进步，不仅釉质细腻洁白，且胎骨极薄，似乎只见釉层不见胎，能映见手指螺纹，还可看到上面刻画的云龙花卉和暗款。永乐时期的青花瓷器以其胎、釉精细，青色浓艳、造型多样和纹饰优美而负盛名，被称为青花瓷生产的黄金时代。宣德窑器物造型多种，独出心裁，制作精工，细腻坚实，不易破裂损伤，器型敦厚，大小器物都很精美，在选料、制样、画面、题款上都极为讲究。宣德红釉被誉为宝石红釉，釉水莹厚如脂，色艳宝光四射。天顺窑造型稳重秀美，回纹、书法亦颇遒劲可喜。成化窑烧制成功斗彩，既比青花富丽，又较五彩柔和，形式之美过于宣德窑。其青花瓷在图案装饰上趋向于轻松、愉快之感，点染描绘均淡雅沉静，各臻其妙。正德窑的突出成就是创制了“素三彩”新品种，其特征是不用红色，在素瓷胎上直接施釉。孔雀釉瓷的烧制是正德窑的又一成就。嘉靖窑大量烧造大龙缸、座墩、大罐、葫芦瓶和大盘等，并创制了大型花瓶，其釉彩和花样都很丰富。隆庆窑之青花和五彩可媲美成化窑，而青花则不如嘉靖窑，其精品有青花团龙纹提梁壶、五彩荷莲水鱼缸和五彩凤纹六方罐等。万历窑器型多样，数不胜数。精致之品有九龙盘、五龙四凤盘和蓝地白色花果盘等。崇祯窑仅有民窑，其装饰富有民间色彩和乡土气息。青花瓷器上的禽兽、虫鱼的写意笔法有八大山人风格，突破了历来官窑图案的规范化束缚。

朱祁镇即位·三杨辅政

宣德十年（1435年）正月初三明宣宗朱瞻基逝世，大学士杨士奇、杨荣等拥朱祁镇为帝，即为英宗。

◎明·谢环《杏园雅集图卷》。内阁大臣正统元年（1436年）三月初一休假，大学士杨荣、杨士奇、杨溥及阁员们雅集杨荣家杏园中。

◎杨溥像

◎杨士奇像

朱祁镇是宣宗朱瞻基长子，母孙贵妃。宣宗卒时，祁镇方九岁，朝臣有人欲立哀王为帝。经大学士杨士奇、杨荣等一番努力，排除异议，终使朱祁镇于正月初十即皇位，以次年为正统元年。

二月，尊皇太后张氏为太皇太后。太皇太后将决断权交给内阁，委托杨士奇、杨荣、杨溥三人同心辅政，共商臣民奏章。三杨中，杨士奇学识渊博，通达国体；杨荣多谋善断，杨溥儒雅谨慎。议事时，杨士奇引经据典，杨荣作出决断；杨溥则能听众议，虚己从人。这三人配合默契，号称“三杨”。他们辅佐英宗处理国事，起了关键的作用。

宦官王振掌权

明英宗即皇位时，极其宠信宦官王振。其时，太皇太后张氏将朝政大权交由阁中三杨等累朝元老，王振心有顾忌，不敢胡作非为。随着太皇太后的逝世，太监王振势力日渐强大，

◎明佛本行经变——赐太子帽

开始参与政事，为害朝廷。

正统八年（1443年）六月，王振因大理寺少卿薛瑄不肯对其逢迎，捏造罪名将其罢黜为民。同年七月，王振又捏造罪名将国子监祭酒李时勉、司业赵琬、掌馔金鉴私下逮捕，捆绑于国子监门前。国子监诸生员集会请愿，英宗知晓后立即将李时勉等释放。经此一事，英宗有所警醒，重新声明严禁内官勾结外廷，但王振威势仍有增无减。

其后，王振相继陷驸马石璟、监察御史李俨入狱。王振专权日甚一日，朝臣无人敢发一句微词。锦衣卫兵士王永将王振行恶之事写成传单张贴，被王振磔死。

正统十一年（1446年），明英宗赏赐司礼太监王振等，并让王振侄儿王林世袭锦衣卫指挥佥事，其他宦官之侄也都有世袭，开了宦官世袭官职风气之先。

明英宗征瓦剌·被俘于土木堡

元灭时，蒙古贵族退至蒙古草原及东北各地，经过朱元璋的征讨，蒙古分裂为三部，即兀良哈部、鞑靼部、瓦剌部。瓦剌经过长期发展，势力增强，瓦剌首领也先统一蒙古三部，并有吞并中国之心。

明正统十四年（1449年）三月，瓦剌虚报进献马匹、贡使人数，妄想多得赏赐，遭明廷拒绝，也先大为不满。瓦剌又要求明廷将其公主嫁于也

◎明英宗朱祁镇像

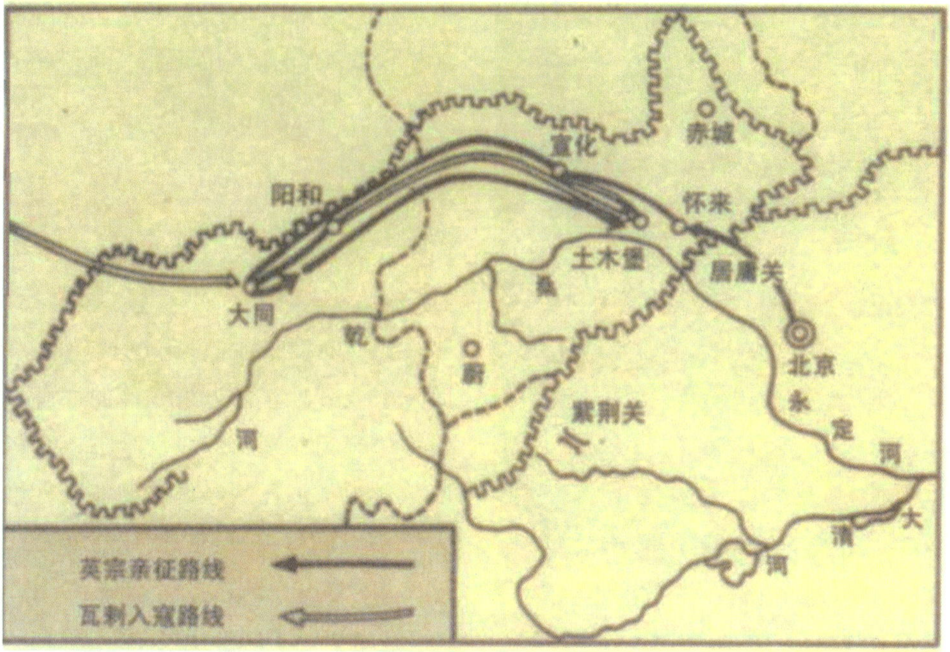

◎土木堡之变双方进兵路线图

先之子，又遭到斥责。也先大怒，于同年七月分东、西、中三路进攻中原，明朝官军纷纷溃败，北疆告急。

败报传来，京师震惊。太监王振怂恿明英宗亲征蒙古，明英宗不顾廷臣百官苦苦相谏，轻率答应亲征。七月十五日，英宗下诏亲征，命郕王（朱祁钰）留守，十六日，大军出发，文武官吏仓促上路。因事出仓促，军伍不整，粮饷不齐，军卒情绪甚低。阁臣张益、曹鼐见难以劝动英宗，遂有杀王振之心，但无人敢响应。

八月初一，英宗兵至大同，也先佯败，诱敌深入，因前方败报仍频频传来，英宗决定回师。八月初三开始回撤。王振起先建议由紫荆关经过蔚州返回，让英宗临幸其家，但行40里后又怕兵马踏坏其土地上的庄稼，又原路折回东行至宣府。初十，英宗退至宣府，被也先追上，于是向土木堡撤退。十四日，英宗率军至土木堡。尚书邝埜上言英宗不要过多停留，早日入关，但英宗不听，停驻土木堡，立即被也先率军包围。也先合围后，明军无水可饮，陷入困境。也先又遣使诈言请和，诱使明军移营出城，瓦剌军趁机四面攻入。明军仓促间人马蹈藉，死者无数。明英宗突围不出，被俘。战斗中，护卫将军樊忠锤死太监王振。此一战役，明军死伤数10万，文武官员死伤50余人。

英宗被俘消息传到京城，京城

◎土木堡城门

混乱。廷臣为应急计，合请皇太后立郕王朱祁玉即皇帝位。皇太后同意众议，但郕王推让再三，此时有英宗使者到来，令郕王即位。郕王于九月六日登基，是为代宗，以次年为景泰元年，奉英宗为太上皇。

瓦剌也先自从捕获明英宗，随即大举入侵中原。以送太上皇为名，令明朝各边关开启城门，想趁机攻取城池。

也先挟英宗进犯宣府，传英宗之令命守将开启城门，但遭守将拒绝，也先无可奈何，退兵而去。八月二十一日，也先挟持明英宗到大同城下索收贿赂，然而守将都督佥事郭登闭门不纳。明英宗亲自遣人责问郭登，要他出城进见。郭登与广宁伯刘安、给事中孙祥、知府霍瑄等出城拜谒英宗，并送黄金两万余两于英宗，英宗全部交给了也先。也先率军长驱直入，十月初八至阳和，攻陷白羊口，抵紫荆关；又攻紫荆关、居庸关，直取北京。

于谦保卫北京

也先擒得明英宗后，大举入侵中原。明廷一方面作好迎战准备，另一方面整顿官吏统一思想，力图稳固后方。

首先，代宗平息南迁之争。土木堡一变，使京城人心惶惶，有翰林院侍讲徐珵大提出南迁都城。尚书胡濙、兵部侍郎于谦极力反对此说，要求坚守京师，号召各地武装力量勤王救驾。代宗认同胡濙、于谦意见，怒叱徐珵，南迁之事由此解决。

随后，于谦主持运送通州仓库的粮食入京。于谦命令京师军士能运粮者，依数量给予赏赐。正统十四年（1449年）八月，又调两京、河南、山东等地军队进京防务。京师粮足兵精，人心稍安。

◎于谦像

为加强战备，巩固后方，右都御史陈镒及其他诸大臣请求代宗清除王振党羽，以安军民之心。代宗犹豫不决，不愿施行。户部给事中王竑、刑部给事中曹凯一同立起，抓住王振党羽锦衣卫指挥同知马顺的头发，用口咬其皮肉，并和众臣一齐诛杀马顺。群臣又在朝廷上杀太监金英。王振侄儿王山也被绑入廷中，磔杀于市。代宗于是下令将王山及王振族人一律斩首，并查抄王振家，得珍玩金钱无数。

正统十四年（1449年）十月初六，瓦剌也先挟持英宗入犯北京，京城告急，北京保卫战打响。代宗诏命各地诸王率兵入京，又命兵部尚书于谦提督诸营，全权负责守战之事。于谦分遣诸将率兵22万，列阵于京城九门之外，并亲自与石亨在德胜门设阵，以挡敌人前锋；都督陶瑾陈兵安定门，广宁伯刘安坐镇东直门，都督杨节布阵宣武门，武进侯朱瑛陈兵朝阳门。同时九城城门全部关闭，士卒在门外拒敌，不准有反顾之念。十一日，也先逼近京城，列阵西直门，被都督高礼、毛福寿大败。十二日，也先索要金帛上亿，提出议和，于谦坚决拒绝。十三日，于谦派骑兵引诱也先，也先率数万众逼近德胜门。明朝伏兵趁机冲击，神机营火器齐发，败也先于城下。也先又转攻西直门，都督孙镗斩其前锋数人，城上守军发箭炮支援，也先溃退。京师之围解除。

小人物辞典

于谦

于谦（1398～1457年），字廷益，浙江钱塘人。为永乐十九年进士，先后任监察御史、兵部侍郎、左侍部、大理寺少卿、山西、河南巡抚。土木之变后升任尚书。曾率重兵在北京城外击退瓦剌军，迫使瓦剌于景泰元年释放英宗。又说服代宗迎英宗归国。他努力整饬京营军制，创立团营，总督军务，加强训练，毫不松懈。他本人才识过人，忧国忧民，臣吏骇服，深受代宗器重。他死后，弘治初赠太傅，谥肃愍。万历中改谥忠肃。著有《于忠肃集》。

◎杭州于谦墓

明英宗复辟

景泰八年（1457年）正月，朱祁镇复位，改年号天顺，即为明英宗。

因代宗朱祁钰身患重病，原立皇太子朱见济已死，皇位继承问题引起了朝中大臣的忧虑。于是武清侯石亨、徐有贞等谋议复立朱祁镇即帝位。

徐有贞事先命张軏加强防备并率兵进入大内。石亨掌握了各城门的钥匙，在深夜打开城门将张軏率军迎入城内，然后关闭城门，以防外兵进入。随后，石亨、徐有贞、张軏等直往南宫迎接朱祁镇经东华门至奉天殿升皇座。到了十七日晨，等待朱祁钰视朝的大臣们听到钟鼓齐鸣声，徐有贞等高呼万岁拥立朱祁镇，十分惊愕。这时徐有贞宣告上皇帝已复位，催促大臣百官朝贺。朱祁镇命徐有贞掌管机务，次日加封为兵部尚书，将少保于谦、王文，学士陈循、萧镃、商辂，尚书俞士悦、江渊，都督范广等逮捕入狱。二十一日，明英宗宣布改景泰八年为天顺元年，封石亨为忠国公，张軏为太平侯，张𫐄为文安伯，杨善为兴济伯，曹钦都督同知。朱祁镇复辟帝位遂告成功。

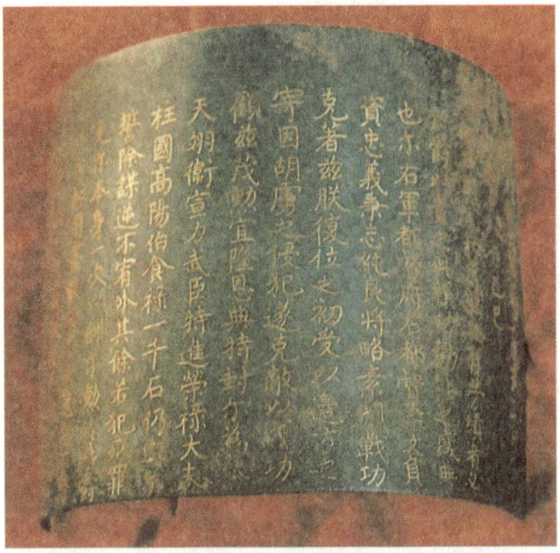

◎天顺年间英宗颁给功臣的免死铁券（正面）

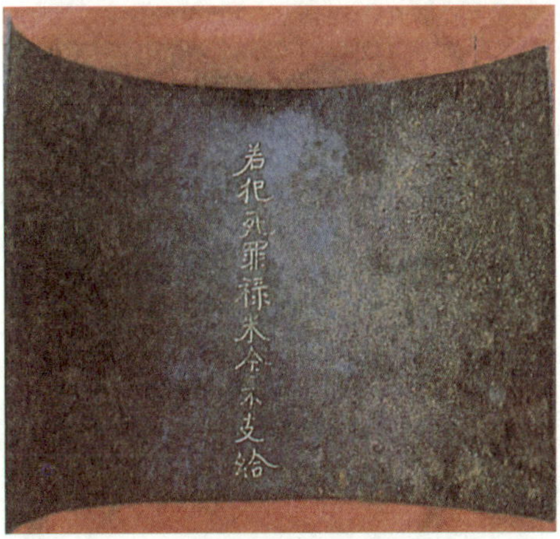

◎天顺年间英宗颁给功臣的免死铁券（反面）

明政治日趋混乱

明初是明代各项典章制度建立和完善的时期。这一时期，统治者吸取了元代灭亡的历史教训，注意调整生产关系，发展社会生产，节制费用，与民休养生息；严肃法纪，整顿吏治。在上，皇帝勤政，在下，官吏比较廉洁，政治相对清明，社会秩序基本稳定，达到空前的统一和强盛。进入明中叶（正统皇帝）以后，皇帝多

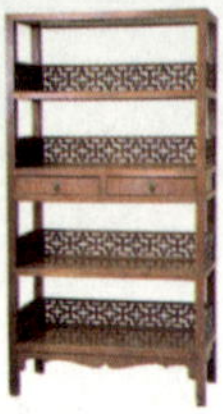

◎朱瞻基《万年松图卷》（部分之一，之二）

数昏懒，不理朝政，于是法制日趋松弛，吏治渐为败坏，上下玩怠，贪污盛行。

正统年间，朝廷内外，文臣武将竞说用兵于云南、四川等西南地区，削弱了北方的边防建设，使蒙古统治者得以乘虚而入。正统十四年（1449年），明军在土木堡的溃败，是明朝建国近百年来政治腐败的一次大暴露。“土木之变”昭示着明王朝由盛转衰、由强变弱的总趋势已成定局。整个明王朝上上下下，从皇帝到文武臣僚，从军事到政治，到处都是一派颓废不振的沉闷气氛，再也看不到以往那种生机勃勃的景气了。北京转危为安后，英宗皇帝获释回京，于景泰八年（1457年）正月发动政变复辟，并颠倒功罪，杀害于谦，尽斥大臣。明代政治上的混乱局面，从此越发不可收拾。

成化年间，由于宪宗皇帝治国，多行弊政，造成政治危机逐渐加剧。孝宗初政时，虽然有“勤政爱民”、“明于任人”之举，试图重整朝纲，“中兴”大业，可是，由于外戚骄纵恣甚、士气日衰等原因，最后也是一事无成，“中兴”之梦化为泡影，政治危机不可逆转。到武宗皇帝时，怠于政事，唯好逸乐，整天寻欢作乐，不理国事。明王朝经100多年的风风雨雨，到武宗时已是病入膏肓，无药可救。

至世宗嘉靖年间，在位45年，所行“粃政甚多”，他一入京就为加其生身父母的称号而挑起一场长达六七年之久的所谓“大礼”之争，迫害大臣百余人，闹得满朝乌烟瘴气，鸡犬不宁。其后，又崇信道教，数十年不视朝，深居宫苑，梦想长生，无心政务。又宠用奸臣严嵩，贪污无度，任人唯亲，遍引私人，排斥异己，从而使政局更加混乱不堪。外患更为频繁，国力日衰，府藏告匮，明王朝已经开始衰亡。及穆宗继位，仍不躬朝政，一心喜好声乐，游戏骑射，不能整肃朝纲，以致大臣互相倾轧，门户之见渐开。中国历史上有名的、延续60多年之久的晚明党争，其实已经从此开始。

明中叶以后政局混乱、军政腐败的另一个重要表现是多次出现宦官擅权乱政的不正常现象。明初，朱元璋鉴于历代宦官往往越权肆虐的深刻教训，曾严禁宦官干预政治。但另一方面，为维护专制独裁统治，他又组建锦衣卫，不得不处处利用宦官，为后来宦官擅权乱政打开了方便之门。至明成祖即位，大开宦官之禁，使用宦官出使、专征、监军、刺臣民隐事等，还专门设立由宦官督领的特务组织“东厂”，对全国实行恐怖统治。从英宗开始，皇帝多是年幼登基，宠用宦官，于是造成“内官日横”，皇权高度集中，皇帝自操权柄的局面开始动摇和削弱，权力逐步转移到宦官手里，使他们得以直接操纵军国大计，擅夺生杀之权，排斥忠良，迫害正直，祸国殃民，进一步把明王朝推向深渊。

逸闻趣事

宦官曹吉祥、曹钦谋反被诛

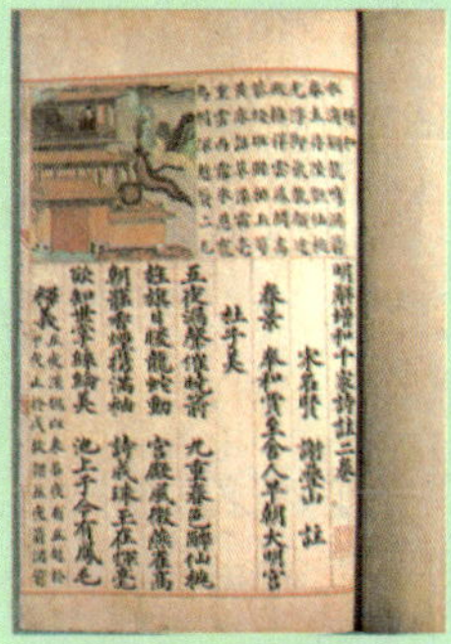

◎明代皇太子用的教科书《明解增和千家诗注》（手抄彩绘本）

明英宗复辟后，于天顺四年（1460年）诛灭石氏（石亨）家族及其党羽，曹吉祥深为恐惧。经权衡利弊之后，他决心孤注一掷，发动政变，夺取政权。他开始在家中收藏兵甲，并派曹钦结交锦衣卫官员，决定于天顺五年（1461年）七月初二举事，计划到时由曹钦自外带兵废帝，而曹吉祥以禁兵作为内应。阴谋已定，七月初二，曹钦与其同党都督伯颜也先部署精兵500人严阵以待。

当日，曹钦的死党锦衣卫军官马亮害怕事情真相败露，殃及性命，于是暗中逃出，将曹氏阴谋告诉吴瑾。吴瑾又马上将此事告诉孙镗，二人从长安右门门缝中投入奏疏。吴、孙二人都是武臣，拙于文字，奏疏上只写着“曹钦反，曹钦反”几字，英宗得奏后，急忙下令关闭皇城及京城所有城门，逮捕曹吉祥。曹钦自知事情泄露，又抵抗不过，遂投井而死。初六，曹吉祥也被诛杀，其党羽如汤序等，被籍没全家，其他余党则流放江南。十三日，英宗以擒逆贼诏示天下。至此，朝廷平定二曹叛乱。

娼妓兴盛

娼妓是古代东西方社会中普遍存在的一种社会现象。伴随明代社会文明的发展进步，城镇商品经济繁荣的同时，在明代城镇文化中出现了具有时代特点的文化畸变，娼妓现象的出现便是一种。

在洪武、永乐年间，官妓制度较为盛行，它是唐宋以来官妓制度的顺延，明代中期取缔了官妓，这是我国娼妓史上的一大变革，自此以后，娼妓完全由私人经营。同时，明政府严禁官员出入妓院狎妓宿娼。到了嘉靖、万历以后，前期的禁令已形同虚设，享乐靡烂生活风气兴盛一时。

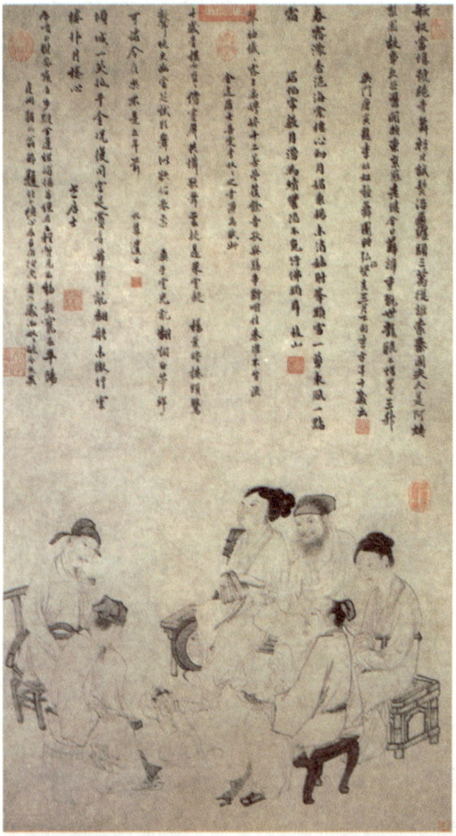

◎吴伟《歌舞图轴》。画面正中的歌舞女孩，为青楼歌妓李奴奴，年仅 10 岁，娇小玲珑，能歌善舞，周围众人倾心观赏。上有唐寅、祝枝山等文家题诗，占画面大半。此图用白描法，线条纤细，略加顿挫，形象清秀，继承了宋元以来的工笔白描人物画传统。

在这种风气影响下，以南京、北京为中心，大同、扬州等地的娼妓大量发展起来。明代出现了许多名妓，如陈圆圆、董小宛、柳如是、李香君、李奴奴、顾媚之流，她们崇尚文学艺术、居处也多清洁幽雅，而且特别注意风貌，属于高级妓女之列，另外还有大量的以出卖色相和肉体为生的低级妓女。

西厂设立

成化十三年（1477年）正月，宪宗为进一步加强特务统治，又设立了一个西厂，由大太监汪直任提督。汪直趁机陷害忠良，排除异己，用锦衣卫百户韦瑛为心腹，屡兴大狱。

当年五月，内阁大学士联合上奏指出不除掉汪直，天下就不得安稳。兵部尚书项忠与9位大臣也联名上奏弹劾汪直。尽管宪宗极不情愿，也只好解散西厂。但汪直仍受重用。阿谀之臣趁机极力讨好汪直和宪宗，借天上灾异之说，提出没了汪直提督西厂，

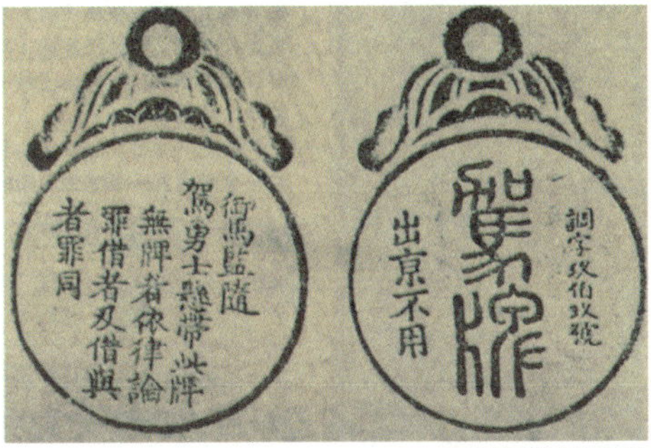

◎明御马监铜牌拓片

◎科举贡院一景

天下反而更加不宁。此说正合宪宗心意。于是在同年六月十五日宪宗下诏恢复西厂。汪直从此更加嚣张，手下人数众多，势力远在东厂之上。

从此，从京师内河到大河南北，西厂校尉无所不在，连民间斗鸡骂狗之小事也常被牵连重法，弄得民心惶惶，正所谓“顺汪者昌，逆汪者亡”。皇亲国戚也难幸免。到了成化十八年（1482年）三月，宪宗以东西二厂不宜并立为由，关闭了西厂。但东厂仍在，厂祸一直未能停息。

八股文定型

八股文是明清科举制度所规定的一种应试文体，严重束缚人的思想感情。成化年间，八股文逐渐形成比较严格的程式，定型下来。此后，一直沿用直至清代戊戌变法，达400多年，随着科举制度停止而废除。

八股文要求文章必须有四段对偶排比的文字，共包括八股。全文由破题、承题、起讲、入手、起股、中股、后股、束股、大结等部分组成。“破题”两句，说破题目要义；“承题”用四、五句，承破题之意引申而言；“起讲”开始阐发议论；“入手”引入本题，为议论入手处；“起股”用四、五句或八、九句双行文字开始发议论；“中股”是全篇重点，必须尽情发挥；“后股”或推开，或垫衬，振起全篇精神；“束股”回应、提醒全篇而加以收束；“大结”为结束语。

八股文还规定：题目一定要用《四书》、《五经》的原文；内容的阐发必须以朱熹的《四书集注》等程朱学派注释为准，不得擅自生发，独出新论；字数也有规定，超过者即不合格。

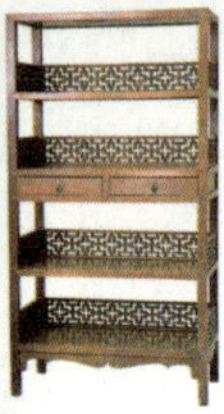

万贵妃一家皆贵

逸闻趣事

万贵妃4岁入宫为孙太后宫女。因聪明机警，被送至东宫侍奉太子朱见深。她善于迎合朱见深，很快得到宠爱。

朱见深18岁登上皇位，万氏已经35岁，仍很得宠幸。成化二年（1466年），万氏生下了第一位皇子，朱见深大喜，封万氏为贵妃。后来皇子夭折，万氏却并没有因此失宠，反而更加骄横。宫里妃嫔有身孕，她随时叫她们服药堕胎，她还把后来的明孝宗的生母置于死地，又与奸佞汪直等勾结，横行内庭。她全家主仆都被授官。成化二十一年（1485年）贵妃之弟万通命家人牟利四方，家人徐达得官百户，万通庶子2岁、养子4岁均得授官，可谓一人贵，一家皆贵。

◎《明宪宗元宵行乐图卷》（之一）。在一派歌舞升平景象的背后，隐藏着明中叶由盛转衰的危机。

◎《明宪宗元宵行乐图卷》（之二）

两京言官之狱起

弘治二年（1489年）大学士刘吉先与御史魏章勾结，诬陷监察御史汤鼐等，掀起言官之狱；又与南京守备太监蒋琮和南京主事陈祖生串谋，陷害言官姜绾，被牵连的有数十人。这就是震惊朝野的两京言官之狱。

弘治元年（1488年），监察御史汤鼐、庶吉士邹智、中书舍人吉人、进士李文祥等几次上章弹劾大学士刘吉等人。刘吉怀恨于心，伺机报复。

弘治二年（1489年），刘吉和御史魏章勾结起来，诬陷汤鼐等人结党营私，诋毁时政。孝宗得知后大怒，命令将汤鼐等人全部逮捕下狱。刘吉等人还不罢休，妄图将汤鼐等人置于死地。幸亏吏部尚书王恕、刑部尚书何乔新、侍郎彭韶鼎力相救，汤鼐等才免于一死。汤鼐被发配戍边，吉人削籍，邹智、李文祥等人都被贬谪。接着，刘吉又勾结南京守备太监蒋琮等，搜罗伪证，弹劾南京监察御史姜绾。此前蒋琮在南京大肆掠夺民田，老百姓失去田地后还要承担岁额

◎明掐丝珐琅双陆棋盘

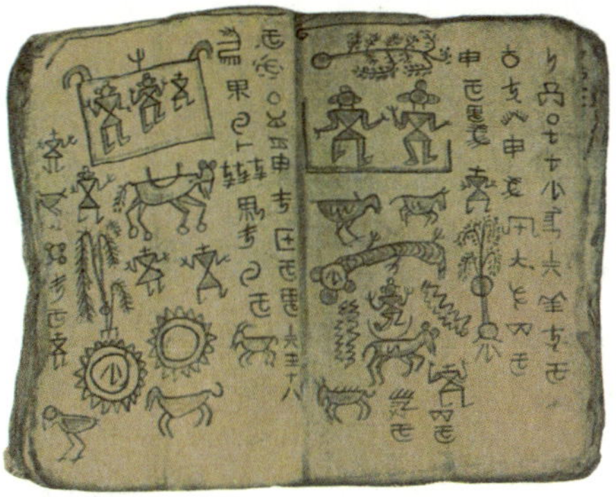

◎爨文

租课，怨声载道。于是，姜绾列举了十大罪状，上章弹劾蒋琮。恰好南京宦官陈祖生违反规定，开垦后湖的田地，南京言官也上章弹劾陈祖生的违法行为。这促成了蒋琮、陈祖生勾结起来，又和刘吉串谋，共同陷害南京言官。

弘治三年（1490年），明孝宗听信蒋琮的谗言，将姜绾等几十人逮捕下狱。许多正直官员纷纷进言为他们辩解，但孝宗偏信刘吉等奸佞。两京言官之狱中，遭贬谪、被下狱的言官为数可观，霎时间，两京台署为之一空，朝野震惊。

明廷对西南推行“改土归流”政策

我国西南地区，包括四川、云南、贵州和乌斯藏（即西藏），居住着苗、瑶、彝、傣、藏等民族，是明代边疆开发与建设的重点地区之一。从元代开始，在西南建立了土司制度，以当地少数民族的领袖为土官土吏，由中央授以爵职，服从中央政府的领导，并向中央纳贡，是民族区域自治的一种形式。明王朝建立以后，在沿袭旧制的基础上，对土司制度进行了充实和改革。

这些土官因为是世袭的，割据性很强，常因争夺财产和土地互相仇杀，反抗明朝政府。明政府在平定这些战乱后，在条件成熟的地方就裁撤土司，改设可以调任的“流官”，这种办法称为“改土归流”。

明统治者实行“改土归流”，是为了便于对边区的直接统治，在客观上也有利于边区地方经济的发展，对当时少数民族地区社会制度的转变起到一种催化剂的作用。

但是，明朝政府在推行“改土归流”政策时，因少数民族上层人物的反抗，不断出现反复。“改土归流”比较彻底的推行，是在清朝时期。

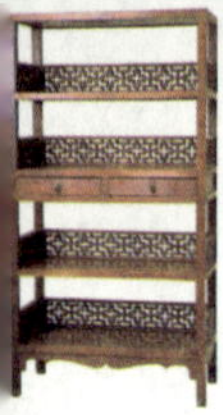

科举制度鼎盛

科举制度始创于隋朝，形成于唐朝，盛行于明朝，持续至清末，在中国存在了1300多年。它是中国封建王朝设科考试用以选拔官吏的制度。

明朝立国之初，即注意搜罗和培养人才，一面开科取士，一面又重视设立学校，太学为明初培养了相当数量的封建官吏。然而不到几十年，明宣宗以后科举及第升官机遇以绝对优势压倒太学，这是科举制度在明朝达到鼎盛的一个表现。

科举制度在明朝达到鼎盛的另一个表现是非科举不得做官。从明中叶起，非进士不入翰林，非翰林不入内阁。明代科举制度鼎盛的又一个表现是开始盛行以八股文取士。

明代科举制度的鼎盛，对于选拔才识之士，维护封建统治起了重要作用。像于谦、海瑞、张居正、史可法等历史名人就是科举选拔而得到重用的。但同时科举制度也有不少弊端，明中叶八股文的盛行，更是败坏了学风。

◎（明）仇英《观榜图》

◎北京成贤街

小文化辞典

石刻线画

随着手工业技术的提高，明代石刻、拓印技艺向更高水平发展。此外，明代戏曲、小说等文学的发展，拓宽了固有题材范围，使石刻线画艺术进入了一个新的境界。明代石刻线画主要有以下方面题材：

道释人物画刻石。明代石刻线画描绘三教人物多了起来，如《钟馗图》为石刻线画中最初出现“钟馗”题材之作品。《圣迹图》和《孟氏祖庭图》原石分别见存于山东曲阜孔庙和邹县孟庙中，两图都是连环画，是我国早期长篇传记形式的石刻连环画之创始。周万书画的《玄天上帝图》则以线描技艺体现中国人物画的优良传统。

©达摩面壁图

墓室里的传奇戏曲。石棺上的石刻线画，已由飞天升仙或西方接引而逐渐与世俗生活相接近。绘刻的人物和环境气氛渐由森然幽暗转变为生动明快，宛如民间风俗画。

古刹、制盐和黄河图说。例如《荐福寺堂图》是描绘寺庙建筑的石刻线画；《河东盐池图》描绘了昔日手工制盐之苦，也是研究盐业史的重要资料；《黄河图说》描绘了自古以来黄河泛滥受灾最严重的河南、山东一带的山岭河川、城郭州县等，对研究黄河变迁、治理方法和水利都有参考价值。

天籁阁藏画选刻上石。周履靖费时20年，将诸家珍藏——上自唐阎立本，下至元王若水之作，都镌刻在珉石上，名曰《绘林》。

杨一清计除刘瑾

刘瑾为人狡猾残暴，掌权后更加专横，使与他狼狈为奸的“八虎”的其他七人都对他心怀怨恨。正德五年（1510年）七月，太监张永被派往宁夏提督军务，以平息安化王朱寘以讨伐刘瑾为名的叛乱。总制军务杨一清和张永相交甚密，而又知道张永与刘瑾一向不和，便趁机向张永提出诛杀刘瑾的计划，并极力鼓动张永。同年八月，张永平定叛乱返回京城，明武宗赐酒酬劳张永。张永待刘瑾及其鹰犬走后，于席间向武宗密奏刘瑾谋反，历数刘瑾所为不法之事17件。武宗偏袒刘瑾，只是将刘瑾贬为奉御。但几天后，朝廷查抄刘瑾家，得黄金、白银、元宝、禁用物品无数。明武宗勃然大怒，才相信刘瑾果然有谋反之心，下令将刘瑾入狱并加以审讯。八月，刘瑾因谋反之罪被磔于街市。同族同党也都或诛或贬。

◎今紫禁城太和门。刘瑾曾矫诏罚百官顶烈日长跪于此。

王守仁龙场大悟

王守仁11岁之前在祖父王伦的培养下成长，青年时期遍读朱熹著作。他不仅遵循朱学，也探究佛、道典籍，他认为儒、佛在某些观点上可以相通，于是萌发将佛禅伦理化、变佛禅为治世之圣学的念头。这就为他以后另辟蹊径打下了基础。

王守仁曾遵循朱熹格物的方法格竹7天，最终失败。这使他开始怀疑朱学，他不满朱熹把心、理分离，并由此引发知行分离的观点。从此，王守仁由遵循朱学转向抛弃朱学，进而营造自己的心学体系，以与程朱理学抗衡。

37岁那年，王守仁被贬至贵州龙场任龙场驿丞。经过一段时间的刻苦思考，他终于凭借自身的努力开悟，体悟到圣人之道即在自性中，不假外求。龙场大悟使王守仁确立了“吾心之良知即天理”的世界观，开辟了与程朱理学迥然异趣的心学之路。

之后他提出致良知与知行合一说，继承南宋陆九渊的思想，把心学发展成一个思想体系。

◎王守仁像

小人物辞典

“前七子”之首 李梦阳

明代，朝廷制定了八股文科举考试制度，文坛上流行的文体是“台阁体”和“理气诗”，压抑了文人的创造性。在这种情况下，出现了一个文学团体——“前七子”，提倡复古，学习情文并茂的汉魏盛唐诗歌，以消除八股文对文人造成的不利影响。

“前七子”以李梦阳为首，包括何景明、徐祯卿、边贡、康海、王九思和王廷相等7人。李梦阳（1473～1530年），字献吉，号空同子，庆阳（今属甘肃）人，他在乐府、歌行、七律方面具有较高的艺术成就。如在《台寺夏日》中描写台寺景象时，气势磅礴，鉴古知今，别具特色。他创作了一大批富有现实意义的作品，对封建统治阶级的腐败和无能作了较深刻的揭露，对劳动人民的贫苦生活表示深刻的同情，如在《君马黄》中描写宦官的骄横，揭露了封建统治阶级的罪恶；在《朝饮马送陈子出塞》中一方面描写了劳动人民的悲惨生活，另一方面揭露军队的无能。

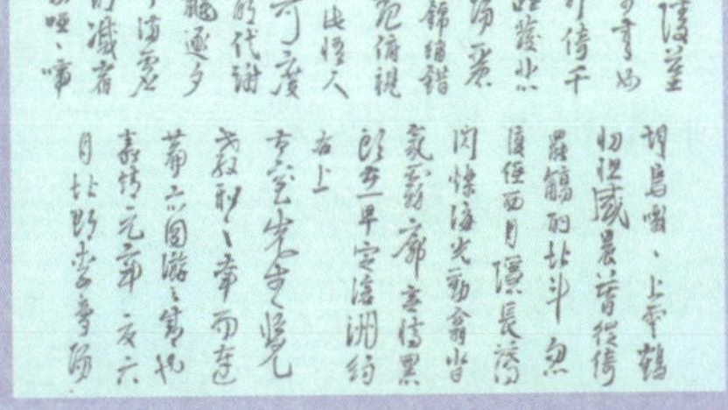

◎“前七子”之首李梦阳自书诗墨迹

海外贸易开拓

明代海外贸易以明中叶嘉靖年间断代分前后两期。前期以官方垄断的朝贡贸易为主要方式。这时的海外贸易包括朝贡物品和附进品都不征税。

永乐皇帝在海外贸易方面推行了较为灵活和开放的政策，朝贡贸易达到全盛期。它以郑和七下西洋为高潮，使中国的通商范围遍及亚、非大陆。此后，官方垄断的朝贡贸易渐次衰落，到明嘉靖年间，被私人海外贸易逐步取代，进入明代海外贸易的后期。

早在朝贡贸易垄断之际，就有私人走私活动，但发展非常缓慢，从事者多是具备雄厚的财力，以及能得到官府庇护的沿海大官僚、大地主和大商人。明后期海禁被部分解除，私人海外贸易取得了合法地位。这时的贸易活动主要在南洋展开，而与文莱以西的南洋各国的交易更为频繁。

中国输出的商品以丝瓷为主，

◎明代用于航海的水罗盘

兼及铜器、铁器、食品、日用品及牲畜等，以之换取海外各国的特产和香料，如犀角、象牙、玳瑁、玛瑙珠等以及少量手工业品。此时流入中国的白银数量也很大。

明代海外贸易的拓展，不仅促进了明朝商品经济的发展和中国资本主义的萌芽，而且扩大了中国与海外各国的交流和政治文化往来。

书院再次勃兴

明朝初年书院仅洙测、尼山两所，是单纯的教育机构，没有什么特色。沉寂了1300余年，到了成化、弘治年间，书院复兴运动稍起。到正德、嘉靖年间，以阳明学派为主导的书院运动形成不可阻挡的文化思潮。

明朝中叶书院的勃兴，有其深刻的原因。明孝宗鉴于当时的政治危机，力图在政治、经济、文化诸领域进行改良。首先，在政治上广开言路，广纳思想，解放有作为人才。其次，明孝宗不顾祖训，大胆征聘倡导与朱子学相异趣的以“整治人心”为主旨的大儒陈献章，开始意识形态的革新。再次，阳明学派对王阳明的权威偶像崇拜，是推动嘉靖年间书院运动勃兴的直接原因。王守仁为拯救明王朝政治、道德、教育诸危机，先后恢复新建龙冈、贵阳文明、濂溪、白鹿洞、稽山、阳明书院等，并在讲学和建书院的过程中形成阳明学思想体系和以该体系为核心的阳明学派。阳明学派顺应社会思想解放浪潮，引起一股书院讲学热潮，促进书院运动的勃兴。

◎明正德年间创建的寄畅园

明官学体系严密

明朝官学，即由国家政府所设，由政府派遣教官教学与管理，其经费、生员、课业及学生资格与出路等都由政府负责。明代的官学体系非常严密，从中央到地方分为中央官学和

◎明代乌纱帽

地方官学两大系统。

中央官学系统的学校有贵胄性质的宗学，普通性质的有两京国子监、太学，专门性质的有武学、医学、阴阳学等。

宗学是设于两京的贵胄子弟学校，学业5年，招10岁以上的宗室子弟。两京国子监则是设于京师的最高学府，在南京的称“南雍”，北京的称“北雍”。国子监学生来源分官生和民生两类。官生由皇帝指派分定，初有伴皇子学习的任务，后归入专门的宫廷教育体系中去。民生由各地文官保送。永乐年间国子监开始收会试落榜的举人，承担了培训官学教官的职责。国子监的教学内容有《御制大诰》、《大明律令》、《四书》、《五经》、《说苑》，后又加上《御制为善阴骘》、《孝顺事实》、《五伦书》等。其中最重要的是明太祖朱元璋自己写的《大诰》。

另外，武学隶属于兵部，以培训在职武官为任务，后也收10岁以上的军籍子弟，既传授军事战术和武艺，又授《武经七书》以加强军事理论学习。医学和阴阳学则主要培养天文和医药方面人才，规模均较小。

地方官学系统的学校有儒学性质的府、州县、卫儒学、各司儒学等。地方官学教学内容与中央各类官学相同，统一标准是科举考试，地方官学还每年向中央官学输送生员。

地方官学的教学不像国子监那样分堂教学，而是分科教学，开始为6科，后缩为4科，分别是礼科（含经、史、律、诰、礼、仪、文学等）、射科（军事体育）、书（书法）、数（数学）。

此外，明代还设社学作为州、县学的预备学校，招收平民子弟。但时兴时废，主要取决于地方官的积极性和社学教育是否与科举有关。到明中后期，则由以教化为本转化为以科举为目的的地方官学。

明官学体系严密，并建立了相对独立的教育行政体系，但仍与政治行政系统平行。

小人物辞典

江南四大才子

明代成化、正德年间徐祯卿与祝允明、唐寅、文徵明四位诗人并称“江南四大才子”。徐祯卿诗多佳作，诗论也有许多独到之处。唐寅、祝允明、文徵明不独能诗，且擅于书法、绘画，以多才多艺见称。

唐寅（1470～1523年），字伯虎，又字子畏，别号六如居士、桃花庵主、鲁国唐生等，苏州人。明代著名书画家、文学家。绘画与沈石田、文徵明、仇英齐名，史称“明四家”。诗词曲赋与文徵明、祝允明、徐祯卿并称“江南四大才子”，为江南四大才子之首。由于其潇洒飘逸、傲世不羁，又治印“江南第一风流才子”章，仕女画登峰造极，故被后人误解，留传许多风流传说，如“唐伯虎三点秋香”等。其实他坎坷一生，贫困凄苦，可谓是我国古代知识分子怀才不遇、无以报国的典型。

祝允明（1460～1527年），字希哲，号枝山，因右手有六指，自号“枝指生”，又署枝山老樵、枝指山人等，苏州人。他家学渊博，能诗文，工书法，特别是其狂草颇受世人赞誉，流传有“唐伯虎的画，祝枝山的字”之说。祝枝山所书写的《六体书诗赋卷》、《草书杜甫诗卷》、《古诗十九首》等都是传世墨迹中的精品。

文徵明（1470～1559年），初名壁，字徵明，后更字徵仲，号停云，别号衡山居士，人称文衡山，苏州人。“吴门画派”创始人之一，擅长山水，亦工花卉、人物。早年画风细谨，中年较粗放，晚年渐趋醇正。

徐祯卿（1479～1511年），字昌谷，又字昌国。常熟梅李镇人，后迁居苏州。明代文学家。天性聪颖，少长文理。在诗坛占有特殊地位，诗作之多，号称“文雄”。其诗格调高雅，纵横驰骋于汉唐之间，虽刻意复古，但仍不失吴中风流之情。

◎文徵明《石湖清胜图卷》

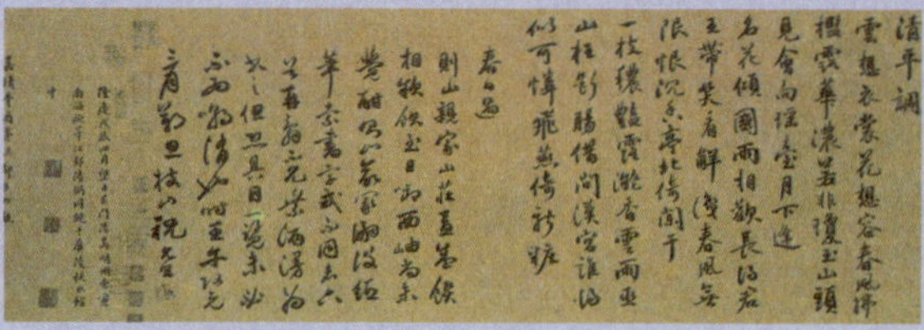
◎祝允明《六体诗》（局部）

◎唐寅《孟蜀宫妓图》

正德帝朱厚照死于“豹房”

朱厚照，弘治十八年（1505年）五月十八日即皇帝位，年仅14岁。明武宗年幼时便宠幸女色，喜好游玩作乐。即位后更是大兴土木，在西华门外另构筑几重宫殿，并设有厢房密室，称为“豹房”，专供自己淫乱享乐。“豹房”内陈设奇珍异宝，出入的都是宠臣。由于纵欲过度，武宗终于死于“豹房”，时年31岁。武宗在位16年，始终重用宦官，不理朝政。先是刘瑾窃权误国，弄得民不聊生，以至爆发了以刘六、刘七为代表的明朝建国以来规模最大的农民起义。后来江彬得势，宗室内部发生了宁王朱宸濠反叛，导致国势日益衰落。虽然如此，武宗死前却立下遗书诏令，罢除弊政，如将豹房中的乐师、侍女都罢遣出去等等。

武宗由于无子，于是遗诏立兴献王朱祐杬的长子朱厚熜为嗣君。正德十六年（1521年）四月二十日，朱厚熜即帝位，时年15岁，是为明世宗，改次年为嘉靖元年。世宗即位后，命令大学士杨廷和起草诏书，革除前朝的弊政，并命令朝廷大臣讨论他的生父兴献王朱祐杬的谥号及武宗的谥号等事议，这就是大礼之议的开始。

明世宗即位·大礼之议发生

正德十六年（1521年）四月，明世宗即位仅6天，即下诏命大臣商议如何称呼他的生父兴献王及其生母蒋妃的问题，大礼之议由此开始。对此，朝廷大臣渐分成两派，一派以杨廷和、毛澄为首，主张应当依承古制，称孝宗为皇考，而称兴献王为皇叔考。另一派以张璁、桂萼为首，为迎

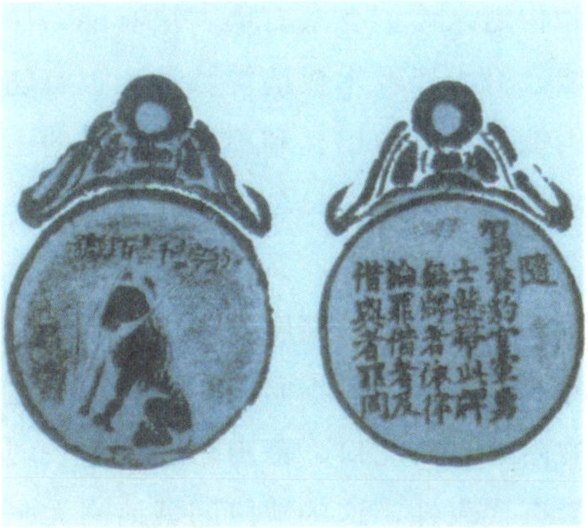

◎豹房勇士铜牌

◎正德年间铸造的阿拉伯文带座铜香炉，是明廷为表示对伊斯兰教传教活动的支持而特地赠予该教寺院的。

合世宗，主张尊称兴献王为皇考。

嘉靖元年（1522年）正月，清宁宫发生火灾，杨廷和奏言这是由于称兴献王为皇帝而引起的，世宗迷信，答应不加“皇”字。但是，张璁等人从旁鼓动，世宗又开始动心，并削夺许多参与争议的大臣的官俸，甚至将他们投入大牢，杨廷和于同年二月辞官而去。嘉靖三年（1524年），世宗又将据理力争的134名文武大臣逮捕入狱。同年九月，世宗更定大礼，正式称孝宗为皇伯考、兴献王为皇考，并昭示天下。次年，世宗下令建造“世庙”，以崇祀兴献皇考。1526年，世宗颁行《大礼集议》。到了1538年，世宗尊其父为睿宗。至此，大礼之议终于告一段落。

◎明长城中保存最完整、最具代表性的段落之一——八达岭长城

◎甘肃嘉峪关关城

◎已修缮完工之山海关“天下第一关”城楼

明长城体系完成

明灭元后，为了防御蒙古南下侵扰，大力修筑长城。明长城利用秦、北魏、北齐、隋和金修筑的长城，先后经过18次加修，历时200多年方完成。明长城西起祁连山下，东到鸭绿江边，全长5660公里，称为万里长城毫不为过。明长城建筑水平在历代王朝中达到最高阶段。

长城的主体是城墙，明代以前多用土筑，明代所筑的长城因地段、地方材料不同而各具特点。按筑城材料和构造来看，有条石墙、块石墙、砖墙、夯土墙及木板墙等数种，也有随山就势的劈山墙、利用险峻峭壁的山险墙，在黄河突口冬季还有冰墙等。在这多种墙体中，又以砖石墙、夯土墙最多。城墙的高度也视地形起伏和险要程度而有所不同。居庸关和八达岭附近及古北口、慕田峪等处的长城最有代表性，这些地段的城墙高大坚实，城墙表面下部砌条石，上部为砖包砌，内部填土和碎石，顶面铺方砖，墙高平均7～8米，墙基平均宽约6.5米，顶部高5.8米，净宽4.5米，可容5马并驰或10人并行。顶面一般随地势斜铺，在险要地改为台阶，墙顶靠里一面用砖砌筑1米多高的女墙，而向外一面砌成高约2米的垛口，每一垛口设瞭望孔和射击孔，每隔一段有吐水咀，将墙顶雨水排出墙外。墙身上隔一定距离设一券门，券门内有砖或石砌的阶梯通至城墙顶上，守城士兵由此上落。

在长城上每隔30～100米建有一个突出墙外的台子，与城高相同而实心者称为墙台（也叫马面），高出城墙而空心者称为敌台。墙台在实战中有很大作用，可使攻城者受到上部和左右两方的射击，有效地保卫着城墙的安全。平时墙台也是士兵巡哨之处，有的墙台上还有小屋，为躲避雨雪之用。敌台一般高出墙体1～3层，下部可驻扎士兵，存储弹药武器，并开有箭窗，顶层用作瞭望放哨。这种骑墙敌台是明代名将戚继光在总结前人经验的基础上创造的，规模小者可驻兵十几人，大者可驻上百人。

烽火台是报警和传递军情的建筑。台上贮薪，遇有敌情时白天焚烟，夜间举火。多为独立的高台，彼此相距15公里，台址选在便于相互瞭望的高岗或峰巅。多数在长城两侧，也有延伸到长城以外很远处，还有的是向关隘州府乃至首都联系的烽火台。烽火台的材料和构造与长城相同。

关隘为险要交通孔道的防御组群，由驻兵的城堡、出入的关城、密集的烽堠、敌台和多道城墙组成。关城是主体，建有瓮城、城楼、角楼、敌楼、铺房等，两侧与长城相连。现存著名关城有山海关、嘉峪关、居庸关、古北口、雁门关等，地形险要，建筑雄伟，也是中国建筑艺术中独具风格的杰作。还有许多段落具有很强的观赏价值，如北京延庆县八达岭段、怀柔县慕田峪段、密云县司马台段等。

明代长城沿线分设9镇，自东向西为辽东、蓟镇、宣府、大同、山西、延绥、宁夏、固原、甘肃，每镇均有重兵把守。长城的关口很多，是进出长城的孔道，每镇所辖多至数百，全线共有1000以上，其中著名的有数十座，如山海关、居庸关、雁门关等。这几处都是拱卫京都北京的战略要地，修筑得最为坚固。自居庸关向西至山西偏关段分成南北二线，称作里、外长城。明朝除在北部修万里长城外，也曾在我国贵州一带筑长城380余里。

明代长城建设，既集前代之大

成，又具自己的特色。首先，强调点线集合，突出加固城墙所经重要关隘，成其为坚固关城，与城墙紧密结合，形成以点护线的筑城体系。其次，注重加强长城的防御纵深，构筑专用于防守的墩台，在重要的防御点层层设城塞、营垒，在重点防区构筑外潦、外墙和内濠、内墙。城墙上增敌台，外围筑关堡、烽堠，增加防御层次，形成外长城护内长城、内长城护内的三关筑城体系。其三，工程设施的砌筑技术有很大发展和创新，明长城墙高、墙厚均较前代增加，并在后期出现了用以射击、观察、掩蔽并贮有物资、装备的空心敌台，进一步增强了城墙的防御能力。

明代修筑的长城是其北部边疆防御体系的主干，虽是以军事功能为基准的军事防御工程，但其宏伟壮观，为举世所惊叹，是世界历史上伟大的工程之一。

烟草进入中国

烟草是一年生草本植物，原产于美洲。16世纪传至欧洲，大约16世纪中后期始引入中国。

烟草传入中国大致通过南北两线。南线：一路自菲律宾传入闽、广，再传至两湖及西南各地。另一路

◎明代金制酒具

是自吕宋传入澳门，再经台湾传入内地。北线主要由日本经朝鲜传入我国东北。初时，中朝两国曾以重刑严禁传输，但无甚效果。烟草传入中国后曾据其外来语音和其形态、味感等而有多种名称，如“淡巴菰”、“相思草”、“金丝烟”、“返魂香”等。之所以在中国被称为“烟”，是由于吸起来有烟。

中国引进烟草，初期主要是以之为药。但由于烟草有使人通体畅快的感觉和能使人吸之成瘾的特性，因此在明、清之际迅速传遍全国。

烟草的传入和流行导致了种植面积的不断扩大，并形成相对集中的产区，各种名烟亦应运而生。至18世纪末，出现了许多优质烟品，如湖南“衡烟”、江西“蒲城烟”、山西“青烟”、云南“兰花香烟”、浙江“奇品烟”、陕西和甘肃“水烟”等。

岳麓书院成名

岳麓书院位于湖南岳麓山，宋开宝九年（976年）创建，为当时四大书院之一。到明中叶书院复兴，加之嘉靖年间政府扶持、私人资助，岳麓书院焕发生机。

明正德二年（1507年），岳麓书院开始复兴，阳明学的传播只作为教学的一个次要方面。到嘉靖年间，岳麓书院学风开始转向以研习阳明学为主，阳明学取得主导地位。阳明的高足季本在这一转变中起主导作用。当时任长沙知府的季本大力主张修复岳麓书院，并亲自登坛开讲，以至四方人士多从其研习阳明学。随后，江右王门健将罗洪先、浙中王门弟子张元忭、江右王门当时号称“天下忠直”的名士邹元标都先后到岳麓讲学。

◎明代高松画谱

阳明派巨子纷纷到岳麓登坛讲学，使岳麓书院名声大噪，成为明代著名书院之一。

文化小辞典

明代木构楼阁的典型——飞云楼

明代发展了中国古代建筑的传统，获得了不少成就，特别是在木构架房屋建筑方面尤为突出，技术超过了前代。位于山西省万荣县东岳庙内的飞云楼，是明代著名木构楼阁建筑之一，它显示了明代木构楼阁的特色。

飞云楼约建于明正德年间，虽经明清两代多次重修，仍然基本保持原貌。它在造型方面受宋代楼阁建筑的影响，将平台、披檐、龟头殿、十字脊屋顶等多种处理手法组合在一座建筑中，呈现出雄伟华丽的风格。飞云楼为3层，底层平面是正方形，2层、3层各面部凸出一个十字脊歇山顶的抱厦，平面呈亞字形。全楼有大小82条琉璃屋脊及各类

◎山西万荣县东岳庙飞云楼

附有雕饰的斗拱。层檐叠角，形象非常奇特。

飞云楼为整体式结构。各层平面的尺寸并不相同，开间大小也有变化，不同于辽代木构楼阁简单重复的规律性变化。飞云楼的主要荷载由贯穿3层的4根通天柱承担，4柱由枋木相联成为井筒，外檐构架全部搭接在井筒上，浑然一体。这种整体性构架可以满足由不同气候条件决定的千变万化的功能要求，给各层空间的结构、门窗的设置提供极大的灵活性，为丰富楼阁建筑造型提供了条件。

俺答屡次入侵

嘉靖二十年（1541年）至嘉靖二十五年（1546年）间，俺答屡次入侵明边境，给边疆地区人民生命财产的安全造成了极大的威胁。

嘉靖二十年（1541年）九月，俺答偕兄长吉囊率鞑靼兵入侵山西，在大同、太原等处肆意劫掠人畜财产。翌年，俺答愿意与明朝修复关系，主动派使节石天爵到大同要求明政府通贡互市，保证“永不相犯”。大同巡抚龙大有为了请功获奖，诱杀石天爵，还悬赏“擒杀”俺答。俺答闻讯大怒，率军数十万来犯，共屠杀边民约20万人，掠走牛马猪羊共200口，踏损稻田几十万顷，杀死明军副总兵张世忠等多人。嘉靖二十三年（1544年），俺答再次率兵入侵，京师告急戒严。嘉靖二十五年（1546年），俺答再次派使节到大同要求通贡，被总兵巡边家丁董宝杀害。俺答为报复明廷杀使拒和，率军进犯宣府、延安府、宁夏等地，肆意劫掠，并斩杀明千户汪洪等人。

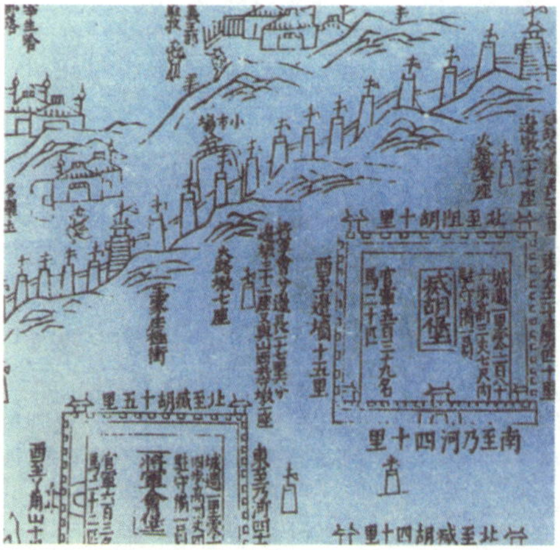

◎明代《俺答驻牧图》

严嵩大权独揽

严嵩（1480~1567年），明代江西分宜人，字惟中，又字介溪，弘治进士。嘉靖二十一年（1542年）任武英殿大学士，入阁参预机务，仍署礼部事。严嵩擅长撰写一些焚化祭天的“青词”，因而受到皇帝的宠信。他一味谄媚明世宗，窃权夺利，诛杀异己。嘉靖二十二年（1543年），严嵩

◎明九边图（部分）

诬陷曾揭发自己受贿的巡按山东御史叶经诽谤皇上，使叶经遭杖杀。他又勾结道士陶仲文进谗言，排挤首辅夏言。因恨翟銮资历在其上，又于嘉靖二十三年（1544年）八月暗令言官弹劾翟銮父子在考进士时作弊，致翟銮被削职为民。翌月，严嵩升任首辅，大权独揽，被称为“青词宰相”。他年过花甲，整天在西苑直庐，未曾一归洗沐，明世宗称赞其勤奋，更加信任他。吏部尚书许瓒兼文渊阁大学士，礼部尚书张壁兼东阁大学士，但皆不得预票拟。许瓒经常叹息：“何夺我吏部，使我旁睨人！”并以不预票拟为耻，乞休而去。严嵩八子严世藩和义子赵文华为爪牙，拉拢锦衣卫都指挥陆炳，操纵朝政14年，权倾朝野，招野纳贿，为所欲为，弄得政治极为黑暗，边防松弛不堪。

逸闻趣事

宫女杨金英等谋缢明世宗

嘉靖年间，明世宗朱厚熜宠信方士，烧炼丹药，命礼部以“博求淑女，为子嗣计”为名，在京师内外广选8~14岁的女子入宫淫乐。按照宫中惯例，凡被皇帝临幸的宫女或女官都要加封号。由于明世宗临幸过多，漏封之事时有发生。一部分遭受虐待的宫女心生怨恨，遂起杀死明世宗的念头。

◎明陈洪绶绘《烧丹图》，反映了世宗宠信道士，烧丹药引起社会上炼丹求仙之风气。

嘉靖二十一年（1542年）十月的一个凌晨，以杨金英为首的16名宫女，趁明世宗熟睡乾清宫时企图用绳套把他勒死。由于误将绳子打了死结，无法勒紧。宫女张金莲见事不济，急忙报告皇后。皇后赶到乾清宫救下明世宗。16名宫女全部被擒，并在审讯中牵连出端妃曹氏和宁嫔王氏。次年二月，明世宗命将杨金英等宫女凌迟处死，枭首示众。端妃曹氏和宁嫔王氏也被凌迟处死，各犯族属都被处斩，家产抄没入官。由于嘉靖二十一年是壬寅年，史称“壬寅之变”。

事发次日，明世宗移居西苑万寿宫，从此不再回大内，20多年不临朝听政，却日夜祷祀，妄求长生。

人物小辞典

王廷相

王廷相（1474~1544年），字子衡，号平涯，又号浚川，仪封（今河南兰考东北）人。官至太子太保，嘉靖二十年（1541年）因郭勋下狱受牵连，被明世宗指为“朋比阿党”，削籍为民。王廷相博学多才，是明代著名的文学家和哲学家，喜欢诗文，与李梦阳、何景明、徐祯卿、边贡、康海、王九思并称明文坛“前七子”，认为孔子才是儒家正统，孟轲以后都渗入异端，故对孟轲以下诸儒尤其是宋儒多有批驳。著有《王氏家藏集》《奏议集》《归田集》《公移联稿》等。

◎明代豆青釉雕狮烛台

文化小辞典

明式家具

中国家具在唐以前为适应席地而坐的起居方式，多为低型。唐以后起居方式改为垂足而坐，家具也随之改为高型。宋元家具，实物甚少，明代前期实物也不多。

自嘉靖元年（1522年）以后，商品经济有了很大发展，并出现了资本主义萌芽。此时，手工业水平有所提高，工匠获得更多的自由，从业人数增加，从而促进了家具业的发展。明后期，江南和南海地区的大城市日益繁荣，市镇商业迅速兴起，家具业也有很大发展，质和量都达到高峰，并逐步形成明式家具的特色。明式家具多用南洋进口的优质硬木，诸如黄花梨、紫檀木、红木、铁木、杞梓木等，质地坚硬，色泽柔润，纹理优美。据说很多是明初郑和下西洋时带回中国的。

随着家具业的发展，硬木家具越来越多为一般家庭使用。这种风气的形成，经济发展和社会繁荣是一个重要原因，但硬木家具的大量制作，又和南陲产木料地区的开发、海禁开后东南

◎明黄花梨五屏风式龙凤纹镜台

亚木材的输入有直接关系。明中期以后，江南某些城镇成为家具的重要产地，现存明式家具多为苏州制作，故又称明式家具为“苏州家具”。

随着家具业的发展，硬木家具越来越多为一般家庭使用。明代家具有以下艺术特点：

一、造型简洁，明快大方；二、不雕琢，不装饰，充分显示优质硬木质地、色泽、纹理的自然美；三、加工精细严谨；四、比例适度，讲求和谐；五、尺度科学，合乎人体功能要求；六、种类及造型丰富，一般分6大类，即椅凳、桌案、床榻、橱柜、台架、屏座；七、重点装饰，画龙点睛。

明式家具是中国家具史上的顶峰，是中国家具民族形式的典范和代表，在世界家具史上也独树一帜，自成体系。

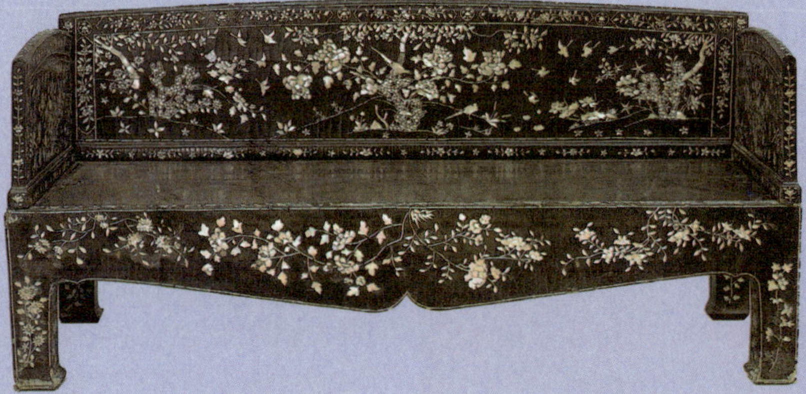

◎明黄花梨十字连方围子罗汉床

葡萄牙人登陆澳门

葡萄牙人于1488年占领印度并据为殖民地后，继续向东推进，1511年占领马来西亚马六甲，并逐渐将触角延伸到中国南部沿海。当时葡萄牙由欧洲运来白银、胡椒、苏木、象牙、檀香等商品，与华人交易，其中以白银为大宗。然后从中国运回生丝、绸缎、茶叶、瓷器、麝香、甘草、黄金、黄铜等，其中以生丝为大宗。由于利润高达20倍以上，令葡萄牙船商趋之若鹜，但当时仍属非官方许可的走私贸易。

1517年葡萄牙驻印度总督派舰队护送特使皮瑞兹赴中国广州及北京，要求正式通商，被明朝政府拒绝。其间葡萄牙舰队曾强行登陆九龙半岛屯居，遭明朝守军驱逐。1535年，葡萄牙人向明朝官吏行贿，取得在澳门停靠码头的便利。1553年，葡人又贿赂广东海防官

◎明代钱币

员，以货船遇风浪为借口，请求在澳门借地曝晒浸水贡物，并上岸搭棚暂住。这一“暂住”就是446年。

入据成为事实后，葡萄牙人在受贿官员的姑息下，得寸进尺，逐渐用砖瓦建筑固定房屋居住，数年之间，聚落成村。后来葡人甚至修城墙、筑炮台，并自行设置官吏，建立了他们所谓的远东最早的据点。

倭患日烈·昏官祭海

嘉靖年间，浙东沿海经常受到倭寇骚扰，倭患愈演愈烈。嘉靖三十一年（1552年）四月，海盗王直引导倭寇一万多人从浙江舟山、象山县等处登岸，攻城掠寨。五月，倭寇又攻陷黄岩县。七月，明世宗命山东巡抚王忬提督军务，巡视浙江，兼辖福建福（州）、兴（化）、漳（州）、泉（州）诸府。王忬赴任后，即整饬战备，布列沿海各镇堡，严加防倭。

嘉靖三十二年（1553年），倭寇又大举进犯东南沿海。王直勾结倭寇，出动战船百余艘，在滨海数千里

◎《浙江濒海地图》，从中可看出明政府在沿海设置卫所，修筑堡垒，以防倭寇侵扰。

地区内大肆屠杀劫财，沿海海盗乘机身著倭服，悬挂倭旗，四出抢掠。真倭不过十分之三，从倭竟达十分之七。倭寇气焰嚣张。明军虽作抵抗，但未能有效阻止倭寇作乱。

鉴于倭寇屡犯江南沿海，工部右侍郎赵文华为迎合皇上崇信道教的心理，上疏提出应派官员到江南祭海神和督视江南军情。明世宗听信严嵩之言，命赵文华祭告海神并视察江南抗倭军情。时人指斥朝廷遣官祭告海神“颠倒是非”，劳民伤财，扰乱地方。

戚家军建立

明朝中叶以后，为适应战争发展的需要，在军队中出现了一些冷热兵器配合、步兵骑兵与火器部队协同的新编制部队，戚继光组建的戚家军就是其中较为典型的一支部队。

戚继光鉴于明军兵惰将骄、纪律松弛、战斗力低等弱点，两上《练兵

议》，并以“杀贼保民”相号召，在嘉靖三十八年（1559年）九月亲自到义乌、金华招募素质良好的矿工和农民入伍，经过几个月的精心编制和严格训练，组成了三千多人的新军。随后，戚继光又在台州等地招募渔民，组成水军。戚继光根据江南多沼泽和倭寇习惯使用重箭、长枪的特点，创造一种训练新军的特别战阵“鸳鸯阵”。“鸳鸯阵”以火器和弓箭作掩护，长短兵器配合，以十二人为一阵整体作战的阵势。戚继光还创造了“地形制阵法”，视步伐便利，不断更新战舰、火器和兵械。新军在戚继光领导下纪律严明，对倭寇英勇作战，对百姓秋毫无犯，屡立战功，战斗力很强，被人们誉为“戚家军”。

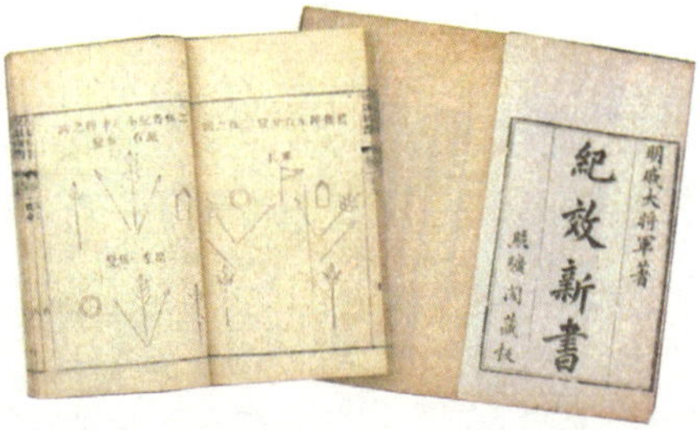

◎戚继光在抗倭战争期间写成的《纪效新书》

◎浙江宁波镇海（明）抗倭威远城

文化小辞典　抗倭英雄戚继光

戚继光（1528-1587年），字元敬，号南塘，山东蓬莱人，出身武将世家，著有《纪效新书》、《武备新书》、《练兵实记》等。初在山东专事防倭，任登州卫指挥佥事。嘉靖三十四年（1555年）秋改调浙江都司佥书，翌年任参将，镇守宁波、绍兴、台州、金华等地，置身于抗倭最前线。是中国明代著名的军事家、抗倭名将和民族英雄，毕生献身于祖国的军事建设和国防事业，一生中有40多年是在军旅中度过的。

张居正去世半年后，言官以戚继光是张调用的人，弹劾“继光不宜于北”，将他调于广东赋闲。戚继光郁郁不得志，次年便请病归。万历十五年（1587年）病卒，朝廷追封其为“武毅”。

◎戚继光像

严嵩罢官

严氏父子献媚世宗，恃宠专权，残害忠良，卖官受贿。特别是在执政后期，由于侵吞军饷，令战备松弛，东南倭祸和北方边患更为严重，而赋役日增，灾害频繁，天人怨恨。

自嘉靖三十七年（1558年），严嵩渐为明世宗疏远。嘉靖四十年（1561年），西苑永寿宫失火后，明世宗对奏请移居英宗为太上皇时所居的南城离宫的严嵩更为不满，而对大学士徐阶更为信任。方士蓝道行与严嵩有矛盾，利用此机会，以仙人说法指严嵩父子是奸臣。明世宗有意罢免严嵩，于是御史邹应龙在徐阶授意下上疏弹劾严嵩父子索取贿银、卖官鬻爵、广置田宅，请斩严世蕃，罢免严嵩。明世宗遂以严嵩放纵严世蕃有负国恩，令其辞官还乡，并下严世蕃及家奴严年于狱中。

不久，严世蕃与门客中书舍人罗龙文密谋作恶被揭发，明世宗遂将严、罗二人处斩。严嵩被罢黜为民，死于隆庆元年（1567年）。

◎严嵩像

海瑞冒死上疏

海瑞，字汝贤，号刚峰，海南琼山人。中年乡试得中举人，曾两次会试不中，之后到福建南平为官，历任淳安、兴国知县。嘉靖四十三年（1564年）十月，升为户部云南司主事。次年二月，海瑞因为明世宗20余年不见大臣，不理朝政，深居西苑，

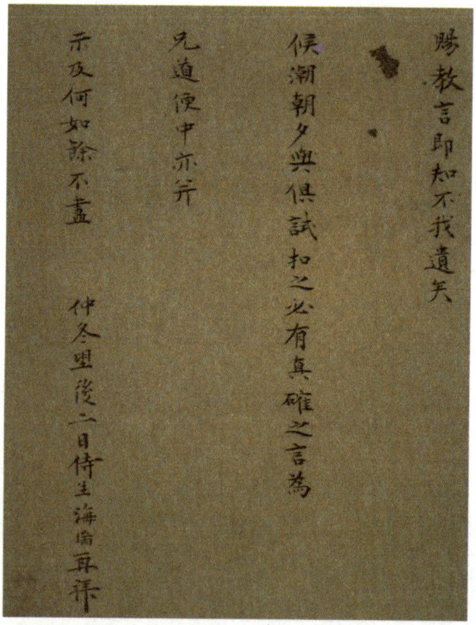
賜教言即知不我遺矣
候潮朝夕與俱試扣之必有真確之言為
允道便中亦祈
亦及何如餘不盡
仲冬望後二日侍生海瑞再拜
◎海瑞《奉别帖》墨迹（部分）

只求长生不死之术，致使国事日益衰败，特买好棺材，诀别妻子，遣散僮仆，冒死上《治安疏》。

《治安疏》言辞激烈，切中时弊，直指皇帝，疏言一出，人称“天下第一疏”、“万世治安疏”。世宗见疏勃然大怒，掷疏在地，便要逮捕海瑞，经劝阻，将疏留朝中数月，但仍将海瑞下狱论死。同年十二月，世宗死。同月二十七日，海瑞获释，官复原职，不久升大理寺丞。

◎《帝鉴图说》插图

◎张居正为皇帝编著的《帝鉴图说》

张居正改革

张居正（1525～1582年），字叔大，号太岳，湖广江陵（今属湖北省荆州市）人，明代政治家，改革家。经历了激烈的内阁斗争后，最终与高拱并为宰辅，为吏部尚书、建极殿大学士。隆庆六年（1572年）七月，大学士张居正交结宦官冯保，辅助年幼的明神宗执掌朝政。

为扭转嘉靖、隆庆以来军政腐败、财政破产、民不聊生、危机严重的局面，以除旧布新，振纲除弊和富国强兵为宗旨，张居正在政治、军事、经济等方面进行一系列的改革。

在整顿吏治方面，张居正奏请明神宗实行章奏考成法，一切以事之大小缓急为限，误者抵罪。考成法实施以后，政府各部门的办事效能得到提高，对官员定期考核则使大小官员不敢玩忽职守。

在整饬边防方面，张居正重用抗倭名将戚继光镇守蓟门，李成梁镇守辽东，整顿边防，并主张各民族友好相处，支持王崇古的建议，改善同蒙古的关系，封鞑靼俺答为顺义王，在大同等地开设茶马市，与蒙古进行贸易，从而使西北边塞20多年平静安定，北部边患得以解除。

在整顿经济方面，张居正针对官僚地主侵占土地逃避赋役、人民负担加重的情况，提出在全国清丈田地，使全国纳税的土地从弘治年间的400多万顷上升到700多万顷，增加了国家的田赋收入。同时，全国广泛推行一条鞭法，有利于减轻农民的负担和商品经济的发展。

在兴修水利方面，张居正重用治河专家潘季驯治理黄河和淮河，使黄河水不再入淮，大大减少了水灾，保障了农业生产的正常发展。

经过10年的努力，张居正的改革措施多数得到实施并取得显著成效，但因为触及了统治阶层的利益，受到官僚大地主的反对和抵制。万历十年（1582年）张居正一死，改革也随之终止。

珠算广泛使用

随着明代商业经济的繁荣，珠算术得到广泛使用，逐渐取代了筹算。并先后传到日本、朝鲜、东南亚各国。

明代，珠算极为盛行。徐心鲁订正的《盘珠算法》（1573年）是现存最早的珠算书，而明程大位编的《直指算法统宗》则是历史上起作用最大、流行最广的珠算书。

珠算的四则运算，是用一套口诀指导拨珠完成。明代称加减法为“上法”和“退法”，其口诀为珠算所特有。乘法所用的“九九”口诀于春秋战国时已在筹算中应用，起源甚早。至于珠算的归除口诀则在元代全部完成。元代朱世杰的《算学启蒙》（1299年）载有九归口诀36句，和现今通行的口诀大致相同。

由于珠算不但是一种极简便的计算工具，而且具有独特的教育职能，所以到现在仍盛行不衰，近年在美洲也渐流行。

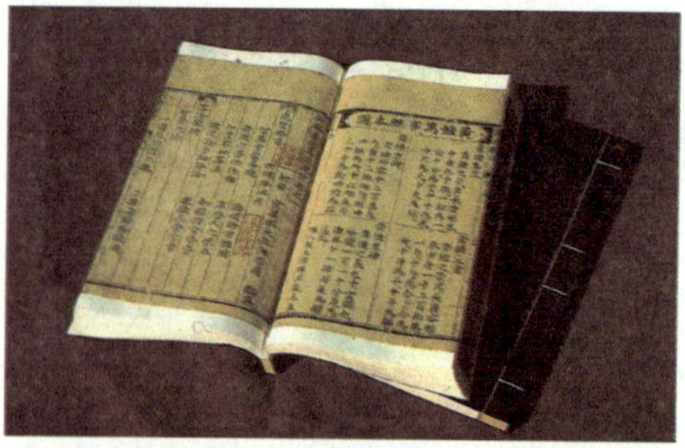

◎明代流传的珠算教材——《算法统宗》（明抄本）

种痘发明

明朝中叶以后，不仅中国传统医学获得了巨大进展，而且在预防医学方面也成绩斐然，这方面的最突出代表就是种痘的发明及在民间的传播。

自从公元2世纪天花传入中国以后，这种波及面广、为害严重、流行史甚长的烈性传染病危及了无数人的生命，晋代医家葛洪的《肘后备急方》对其作了最早的描述。为预防和治疗天花，医家在不懈的努力下研究出了人痘接种术。

人痘接种术发明以后，由于诸多原因，未能及时推广，一切都在民间医家之间自发进行，后来才逐渐被儿

◎淮河曾给两岸人民带来深重灾难。图为淮河源头上竖立的"淮源"碑刻。

科医生所掌握。当时的种痘方法，据1695年成书的《张氏医通》记载主要有痘衣法和鼻衣法（包括浆苗法、旱苗法、水苗法）。当时种痘技术相当完善，而且成功率很高，因此迅速推广并传播到国外，1688年俄国就派人来中国学习种痘技术。从此，种痘方法在欧、亚、美各洲广泛传播。1796年，英国人琴纳创造的牛痘预防天花的技术就是直接受中国人痘技术的启发而获得成功的。

人痘接种术不仅是牛痘发明前我国人民预防天花的创造性成就，而且是人工免疫法的先驱，它为世界防疫医学作出了重要贡献。

押租制盛行

明代中后期，农民向地主交租，由实物分成租向实物定额租和货币定额租转化。与此同时，农村两极分化日益严重，农民抗租斗争频繁，地主为了防止佃农欠租，在出租土地时向佃农索取一笔押金作为保证，形成中国封建社会后期一种新的租佃制度——押租制。

这样，佃农在交纳押租后一般照交正租，如果欠租，地主就在押金中扣除；押金没有利息，退佃时归还佃农。如押金数量不大，地主往往借故不归还；但当押金超过一定数额，佃农可减纳正租。押金未退，或押租关系尚未满期，地主不能随意换佃。有些地区佃农还可以将已交纳押金的土地转佃别人。愈是人口密集、土地肥沃的地区，押租愈加沉重。押租额常

◎双林寺彩塑千手观音（山西平遥）

超过正租额，从一二倍至五六倍，甚至七八倍、数十倍。提高押金数量称为加押，越到后来，加押现象愈为普遍。

押租制保证了地主地租的实现，限制了佃农在土地上的移动自由，强化了地主与佃农的租佃关系，因而不利于生产力的进步。

苏州园林大规模兴建

明中叶以后，私家园林大规模兴建，形成我国私家园林的全盛时期。苏州兴建园林多达270余处，为宇内之冠。

苏州地处江南，山明水秀，气候宜人，自古为富饶繁华之地，这是苏州园林兴起的自然条件。苏州园林的兴建可上溯到春秋时期，吴王阖闾、夫差就曾在此建长乐宫、姑苏台等。其后历代达官贵人、文人墨客也都在此建园，如北宋的沧浪亭、南宋的万卷堂、元代的狮子林等，都非常闻名。

进入明代，苏州成为中国著名的丝织业中心，并出现了资本主义萌芽，于是出现了大规模兴建园林的风气和热潮。现存苏州园林中明代创建的有拙政园、惠荫园、环秀山庄和留园等。

苏州园林处处都体现了江南园林所具有的叠石理水、花木种类繁多、布局有法、风格淡雅的特点。其格局大都以山、水、泉、石为骨骼，以花、木、草、树为烘托，以亭、台、楼、榭为连缀，自然要素和人工创造溶于一体，并形成各自不同的独特风格。拙政园、留园、狮子林和沧浪亭号称苏州四大名园。

拙政园位于苏州市娄门内东北侧，明正德八年（1513年）前后，由王献臣创建，其取晋潘岳《闲居赋》之“拙者之为政”为园名。现园基本

◎拙政园中部水池

◎苏州留园中部山池

◎苏州沧浪亭门前临水建筑

为清末规模，经修复扩建，面积约62亩，分为东区、中区、西区，亦即原“归田园居”、“拙政园”、“补园”三部分。1961年被定为国家重点文物保护单位。

留园位于苏州市阊门外，原属明嘉靖时太仆寺卿徐时泰的东园，清嘉庆时刘恕改建，并改名寒碧山庄，俗称刘园，占地约30亩。太平天国时苏州诸园多毁于战火，唯此园独存，清光绪初年易主，改名留园。现园经过修整，大致分为中区、东区、北区、西区四区。1961年被定为国家重点文物保护单位。

狮子林为元末至正年间所建；沧浪亭为五代吴越国王公贵族别墅，北宋苏舜钦改为沧浪亭。

作为中国古典园林中最具代表性的一批杰作，苏州园林在中国古典园林建筑史上占有重要地位。

《本草纲目》集本草学大成

医药学著作的大量编撰是明代医药学空前发展的显著标志之一。万历六年（1578年），杰出医药学家李时珍编成集本草学之大成的《本草纲目》，代表了这一时期中药学的最高成就。

李时珍（1518～1593年），字东壁，号濒湖，晚号濒湖山人，湖北蕲州（今湖北蕲春）人，出生于医学世家，自幼喜爱医药。17岁后三次乡试不中，积劳成疾。从此，他足不出

◎李时珍采药

户，潜心研读经、史、子、集、农圃、医卜、星相、乐府等著作，于学无不涉猎，尤其喜读医学著作，这些都为他从事医药研究和著书立说打下了坚实的理论基础。

34岁那年开始，李时珍着手编纂《本草纲目》。在宋代唐慎微《经史证类备急本草》基础上，参阅了800多种文献资料，经过三次大的修改，于万历六年（1578年）他60岁时终于完成了这部具有划时代意义的药物学巨著，成为我国药学史上的一个重要里程碑。

《本草纲目》共52卷，卷一、卷二概述了本草历史和药性理论；卷三、卷四以药原为章目罗列了各种草药的主治病；其余48卷，按水、火、土、金石、草、谷、菜、果、木、服器、虫、鳞、介、禽、兽、人将1892种药物分为16部，各列若干类展开论述，每种药标正名为纲，纲下列目，纲目清晰，并对各种药进行释名、集解、辨疑、解说其修治（炮炙）、气味、主治、发明及附

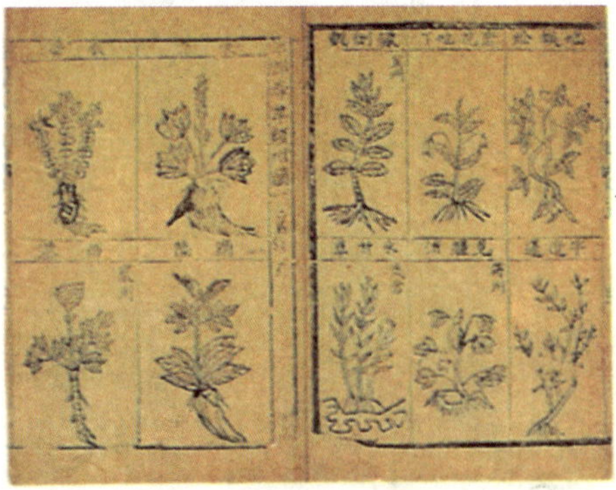

◎金陵版《本草纲目》药物图谱

方。作为一部包含了丰富自然科学知识的博物学名著，其内容涉及植物学、动物学、矿物学、地质学、化学、物理学以及天文学、气象学和物候学等许多科学领域。

该书附药物图1109幅，方剂11096首，其中8000多首是李时珍自己收集和拟定的。在对16世纪以前我国药物学成就作了全面总结以后，增收了宋以后出现的374种药物，如三七、番红花、曼陀罗花、土茯苓等都被后世广泛使用，通过对一些药物基原、性能的研究辨析，在实际考察和对文献进行考据的基础上，纠正了以前本草学著作的一些错误，尤其是批驳了服食水银、雄黄成仙的说法，用比较先进的方法对药物进行分类，以取代沿续1400多年的三品分类体系，以纲目为构架将各种药物分类编排，成为一部独创体例的药物学著作，从而全面系统地展示了药学体系和内容。《本草纲目》还包含了各种药物的药性药效、药物栽培、炮炙制剂及其在各种病症治疗方面的应用等多方面的内容。

除了药学以外，李时珍对医学也有重要贡献，其中尤值一提的是人体解剖学成就。《本草纲目》是我国医学史上首次独创性地提出“脑为全身主宰”这一说法的著作，从而冲破了“心是人体中心”的传统说法。保存

◎湖北蕲州元妙观，是李时珍著书处

于《本草纲目》中的单方、验方是李时珍挖掘民间医药宝藏的结果，许多为后代医家所习用，其中抗衰老药物就有近400种，健身长寿的方剂有550首之多，记载了有关长寿、轻身、却病、容颜等案例数十则。

李时珍在著书期间实地考察了湖广、河北、河南、江西、安徽、江苏等省，深入林区、矿井、菜畦，向农夫、渔民、猎人、车夫等虚心求教。这种躬身民间虚心学习的严谨态度，加之其长期的医疗实践，使《本草纲目》最终成为一部中国古代科学的巨著，无论在史学、哲学还是文字学、训诂学等方面均有不可估量的价值。

吴承恩写成《西游记》

吴承恩（约1500～约1582年），明代小说家，字汝忠，号射阳山人。长

◎江苏淮安吴承恩故居

◎《西游记》木刻雕版

期以卖文为生，清贫度日，晚年于乡里贫老而终。他一生中最著名最有影响的是他的长篇神话小说《西游记》。

《西游记》是明代小说中的“四大奇书”之一，是吴承恩在历代民间传说、说话艺人和无名作者创作的基础上加工改造，融入自己对现实生活的感受而创作出的极具现实意义的古典长篇神话小说。作为小说主体线索的唐僧取经之事，是根据唐代贞观年间和尚玄奘（602～664年）独自赴天竺（今印度）取经一事演化而来。吴

承恩家乡流传的被镇锁在淮阴龟山脚下那个神通广大的猴精无支祁，显然是塑造孙悟空形象的素材之一。

《西游记》以神性、人性和物性（自然性）三者合一的方式来塑造人物。孙悟空的形象既有神的威力又不乏现实社会中人和动物的习性，在古代同类小说中亦极罕见，表现了人们反对专制、战胜邪恶、征服自然的极大愿望。《西游记》引起了人们对神怪题材的极大兴趣，此后出现以神魔相战的形式来写历史事件的小说，如《封神演义》等，但功力均不如《西游记》。

人物小辞典

徐文长

徐文长（1521～1593年），名渭，字文长，晚号青藤道士，山阴人。他工书法，善绘画，亦长于诗词戏曲，且多奇计。

最能体现徐文长文学成就的当属他创作的杂剧《四声猿》。《四声猿》是四部杂剧的总称，包括《狂鼓史渔阳三弄》、《玉禅师翠乡一梦》、《雌木兰替父从军》和《女状元辞凰得凤》。《四声猿》所包含的四剧，长短不一，从一折到五折都有，突破了以往杂剧均采用一本四折的形式。其中《女状元辞凰得凤》一剧，全用南曲写成，开创了用南曲写杂剧的先例。徐文长写作的杂剧不仅是为演出而作，还带有很浓厚的现实意味，借故事的叙述来反映当时人们反抗压迫，反对封建礼教束缚的强烈愿望。

◎徐渭石刻像

全国推行一条鞭法

万历九年（1581年），张居正进行赋税改革，在全国推行一条鞭法，以均平赋役负担，增加财政收入。

一条鞭法的主要内容为以下三项：一、田赋除实收实物外，也可以用银两折纳；二、可以以钱代役；三、丁粮由地方官吏直接办理，废除粮长、里长办理征解赋役之法。

一条鞭法的基本精神是，通计一省丁粮，均派一省徭役，将均徭、里甲与夏秋两税合而为一，摊丁入亩，量地计丁，而后按亩征银。因为是将赋、役等各种条目合并为一条，所以称之为一条鞭法。

实行一条鞭法，简便了赋役手续，是中国赋役制度上的一次重大改革。以钱代役之法，实际上使农民得以离开土地，成为城镇手工业劳动力，并促进货币地租之产生及部分农作物之商品化，有利于商品经济发展和资本主义生产关系萌芽。

◎花卉纹百宝嵌委角方形黑漆笔筒

自一条鞭法实行之后，国库日益充盈，而豪民大户则多对张居正产生不满，并竭力阻挠反对，一条鞭法实施不久即行停止。但是，以钱银代替实物税和劳役的做法却保留了下来。

努尔哈赤崛起

万历十一年（1583年），年仅25岁的努尔哈赤凭其先祖所遗13副盔甲，起兵征讨尼堪外兰，开始了他统一女真各部的征程。

努尔哈赤（1559～1626年），姓爱新觉罗，其先祖猛哥帖木耳自明永乐十年（1412年）受明册封为建州左卫指挥，世代是受明封爵的地方官。原先女真各部一直不和，图伦部的尼堪外兰勾结明军，谋害了努尔哈赤的祖父和父亲。努尔哈赤集合余部数百人征讨尼堪外兰，一举攻克图伦城，获兵百人，盔甲30副。尼堪外兰逃奔鄂勒珲城，明廷遂任努尔哈赤为指挥使。

努尔哈赤继续东征西讨。万历十四年（1586年），尼堪外兰逃往抚顺请求明军保护，明军抓住他送给努尔哈赤。努尔哈赤遂与明讲和，通贡受封。

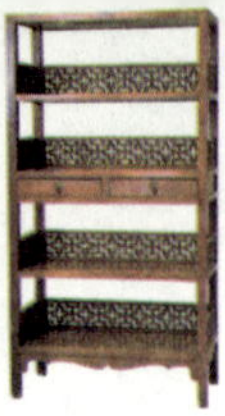

◎努尔哈赤曾用这把宝刀打下了后来清朝的基业。刀鞘用鱼皮制成。

◎满族先民使用过的狩猎器具

万历十六年（1588年），努尔哈赤灭完颜部，至此他正式统一了建州五部，力量迅速壮大。女真人自来熟习弓马，骁勇善战，努尔哈赤又是自成吉思汗以来难得一见的军事天才。自此，他率领的铁骑奔驰于四方，为清代建中国历史上疆域最大的大帝国奠定了基础。

廷臣党争兴起

明臣好争，本已成风。张居正死后，神宗调整朝政，以申时行、许国为首辅，召回了吴中行、赵用贤、沈思孝等言官，但从此阁臣一帜，台官一帜，两派纷争，势成水火，惹出种种争执的弊端。

明朝廷臣的党争，导火索是万历十三年（1585年）选大峪山为陵墓地一事。属于阁臣一派的徐学谟，建议用大峪山为造陵墓之地，神宗已经采纳。属于台官派的李植、江东之等人则上奏说大峪山有石，不宜采用，并把矛头直指首辅申时行，指责他徇私同意学谟所请。申时行奏辩说："两年前随皇上考察该山，李植、江东之并没说此地有石。今出尔反尔，显然是借此倾害大臣。"神宗同意，于是下旨切责李植、江东之等人，并令夺俸半年。

◎明万孝端皇后凤冠

李植等人不服。他们先是举荐前掌院学士王锡爵入阁，以为可在阁臣一党中插入自己的人，一方面又继续坚持大峪山寿宫有石。但疏奏既上，没有回音。而王锡爵却与首辅申时行和好，互为倚助，不由令台官派们大失所望。

不仅如此，王锡爵还反戈一击，攻击李植等人阿附大臣赵用贤，以小不合便随意攻讦大臣，御史韩国桢、给事中陈舆效也交相攻击李植等人。神宗闻奏大怒，顿时李植由太仆少卿贬为户部员外郎，江东之由光禄少卿贬为兵部员外郎，羊可立由尚宝少卿贬为再理评事。

当年闰九月，神宗再度亲临大峪山，结果证明大峪山吉利，地无石。

◎神宗的金冠——我国已知现存唯一的帝王金冠

回宫之后，进一步将李植三人调为外用。此举却引起台官一派的不满，他们纷纷采取行动大鸣不平。谕德吴中行上书请去，神宗一怒准之。随后赞善赵用贤、光禄少卿沈思孝等也要求谢职归故里，却不获准。

赵用贤对阁臣一派尤其是大学士许国力毁李植三人甚感激愤，抗疏说："朋党之说，是小人用以去君子、空人国。"党派成见，自此更深。党争的结果也无非两败俱伤，后来许国被罢官，首辅申时行亦被迫辞职，可见一斑。

东林党肇始

神宗久未立储，成为朝臣争执之端，无意中亦成为东林党议之肇始。

万历二十二年（1594年），神宗

◎顾宪成像

欲立郑贵妃所生子常洵为太子，廷臣则普遍请立皇长子常洛为太子，故朝廷出现“国本”之争。吏部侍郎顾宪成力争“无嫡立长”，触犯神宗。首辅王锡爵将辞官，顾宪成推举王家屏代为首辅，王家屏也是立长派，顾宪成因此再次触怒神宗，也被革职还乡。

顾宪成（1550～1612年），无锡人，故居有东林书院，是宋代杨时讲道之处，被革职之后，顾宪成与其弟允成重修东林书院，偕志同者在此讲学，每年一大会，每月一小会。当时一些被谪谪的士大夫，或世不能容而退居山野者，皆闻风响附，他们讽议时政，裁量人物。朝内官员慕他清议，亦遥相应和。东林书院隐然自成

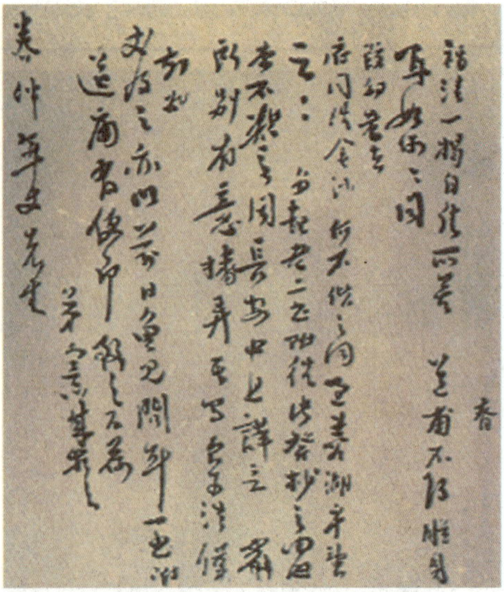

◎顾宪成手迹

一党，后来遂称东林党，顾宪成亦被尊称为“东林先生”。

其后，孙丕扬、邹元标、赵南星等正直君子，被朝廷罢官后亦赴东林相继讲学。他们自负气节，与朝廷相抗，是为东林党议之始。

中日战争再起・日军大败

万历二十五年（1597年）正月，丰臣秀吉拒绝明朝封赏，日军仍未撤离釜山归国，丰臣秀吉再遣清正统战船准备夺回朝鲜重镇，朝鲜遣使向明朝求援。二月，明廷命麻贵为备倭总兵官，统率南北诸军，出师朝鲜，征剿日本侵略军。三月，又命杨镐经略朝鲜军务，邢玠经略御倭，以增强后援。

◎釜山城战斗图

六月，日本数千兵船逼近梁山、熊川，邢玠设计逮日军向导沈惟敬。八月，日军攻陷全罗外藩的南原和位于朝鲜西海口的南原闲山岛，直接威胁我国天津、登莱，并进逼王京（汉城）。十二月，明军围攻战略要地蔚山，连续10日未能攻克，日军遂以诈降行缓兵之计。万历二十六年（1598年）正月，日军大队军马骤至，明军措手不及，统帅杨镐、麻贵弃军先逃，败回王京。是役，明军丧师2万余，辎重多丧失，杨镐犹与邢玠合谋，反向朝廷诡报获胜。后经揭发，杨镐被罢职。蔚山一役，明军谋划多时，尽倾全力，却是大败，朝野无不嗟恨。

七月，日本宰相丰臣秀吉病死，日军军心摇动，日将皆有归志。邢玠趁机派兵进击，再战蔚山，胜负未分。十月，刘綎、麻贵分道击日兵，大胜。

十一月，日将行长、清正欲弃蔚

◎丰臣秀吉像

山逃归。明军水师提督陈璘派战舰封锁海路，又遣副将邓子龙偕朝鲜将领李舜臣追击日军。邓子龙已年过70岁，仍率战船300艘为前锋，追至釜山南海，携300勇士奋勇杀敌，后战船起火，邓、李二人壮烈牺牲。这时，副将陈蚕、季金等率军至，前后夹击，焚毁日战船，日军死伤无数。陈璘与刘綎亦会师击日军干曳桥寨，再焚日军战船百余艘。此次釜山南海大战，明军共击沉日船900余艘，烧死日将岛津义弘，全歼日水军。日军残部退至锦山。

十二月，陈璘派兵围攻乙山，发炮攻击，日军无一逃脱。明军的抗倭援朝战役以胜利结束。从首次入朝作战至今，历时7年，“丧师数十万，糜饷数百万元”，人力、物力的损失不可谓不大，但中国军队的胜利，却受朝鲜人民世代称赞。

小人物辞典

“异端”思想的李贽

◎李贽塑像

李贽原姓林，名载贽，嘉靖三十一年（1552年）中举后改李姓，号卓吾，又号宏甫，别号温陵居士。结束仕途生涯后潜心著述。

自幼聪颖的李贽博览群书，纵贯百家，其思想上承王艮、何心隐等人并有极大发展，泰州学派由他推向了一个高峰。他的“异端”思想首先表现在他将自古以来的是非标准颠倒过来的大胆批判精神，他大胆评价诸子百家的功过是非，其所持标准已不是“以孔子之是非为是非”的标准，而是按照人性的自然之性和是否符合历史人物所处时代的现实为标准，原则是适应时代并能经世致用，只有这样才是对历史有用的人才。以此为标准，他大胆将陈胜、窦建德等农民起义领袖与帝王相提并论，理学家的妇女贞节观也受到李贽激烈的批判，这些都无一例外地是其思想被斥为异端的核心内容。

李贽提出趋利避害是人的自然本性，任何人都无法摆脱对物质利益的追求，是对道学家们宣扬的“存天理，去人欲”的观点的彻底反叛。他还说谋求功利是正大光明的事，这无疑是处于资本主义萌芽时期急于谋求发展的市民阶层的呐喊，市民意识的觉醒的显现。

小辞典文化 番薯、玉米、土豆、花生、西红柿引进

明代中后期，农业生产得到发展，多种农作物如番薯、玉米、马铃薯、花生、西红柿等的引进起到很大作用。它们都原产美洲。

番薯在明代文献中称白蓣、红蓣、紫蓣、红薯、金薯、番芾、红山药等，产量高，极易栽种。15~16世纪，葡萄牙、西班牙人将它传到非洲、印度和印尼、菲律宾等地，再由陆路、海路传进中国。

陆路是自印度、缅甸到云南，海路是由菲律宾到福建，或者由越南到广东。清代《东莞凤岗陈氏族谱》说东莞人陈益于万历十年（1582年）将薯种从越南带回东莞。徐光启则是最早把番薯从岭南引种至长江流域的人。

玉米在明代文献中被称为御麦、玉麦、西番麦、玉蜀黍、玉高粱等。在明代，玉米种植尚不广泛。

土豆即马铃薯或洋芋，大约在明末传入我国。清顺治七年（1650年），荷兰人在台湾曾见到当地人栽培马铃薯，称之为“荷兰豆”。从俄国入东北也是一条引进土豆的途径。

◎明代铜制火铳

花生在古代文献中被称为地豆、番豆、白果、长生果、万寿果、人参果等，过去认为我国花生由南美洲传入，但嘉靖元年（1522年），葡萄牙人被驱出广州后便在漳州、泉州等港非法通商，落花生也随之输入。关于花生的记载最早见于嘉靖年间的《常熟县志》、万历年间的《嘉定县志》和黄省曾的《种芋法》、王世懋的《学圃杂疏》。

西红柿又称番茄。大约在16世纪末~17世纪初的万历年间引入。番茄被引进我国后，传播十分缓慢。

小人物辞典

定居北京的意大利传教士利玛窦

◎徐光启（右）和利玛窦论“道”

利玛窦（1550～1610年），字西泰，出生于意大利安可纳洲马切拉塔城。1571年他21岁时，加入耶稣会。1577年从意大利航海东行来到澳门学习中国汉语文字。万历九年（1581年）开始在中国传教，在内地建立第一个传教会所。同时也开始了他向中国传播西方近代自然科学的生涯。其间，他绘制《山海舆地图》，仿制地球仪、日晷等，为时人所重。

为了在中国顺利传教，他苦学汉语，改随中国习俗，被称为“四儒”。后来，为便于同明朝官员和士绅交往，改穿儒服，蓄须留发，起中国名字为利玛窦。在他之后的传教士都纷纷仿效他，来中国后起中国名字，形成一种固定的习惯。

万历二十九年（1601年），利玛窦二次进京，向明神宗朱翊钧献自鸣钟、八音琴、三棱镜、天主像、圣母像、《万国全图》等贡物。万历皇帝接见了他，并允许他长驻北京传教，在朝廷任职，赐他俸禄。利玛窦感到无尚荣幸，自此定居北京。

定居北京后，利玛窦结识了如李之藻、冯应京、沈一贯等学者名流，向他们介绍西方的地理、数学、天文等科学知识，由利玛窦口述、徐光启翻译出版了数学著作《几何原本》、《测量法义》等；李之藻从利玛窦问学，撰《浑盖通宪图说》、《圜容较义》等。

西方地图法传入

利玛窦第二次来到北京，向皇帝呈献礼物，其中有《万国图志》一册，引起万历皇帝的极大兴趣，从而使西方地图法传入中国。

利玛窦在中国居留共28年，所编绘的地图有《山海舆地图》、《世界图记》等多种。他还带来了一系列有关地图和地学的西方近代科学方法，包括采用有等积投影和方位等距地投影的地图投影方法，第一次打破了中国人“天圆地方”的传统旧观念，使中国学者认识到中国只是地球的一小部分。另外，在利玛窦的地图上已经以北极圈、昼长圈（即北回归线）、昼短圈（即南回归线）、南极圈等为界，划分出热、温、寒五带；还有就是图上的海陆分布，已大体反映了其

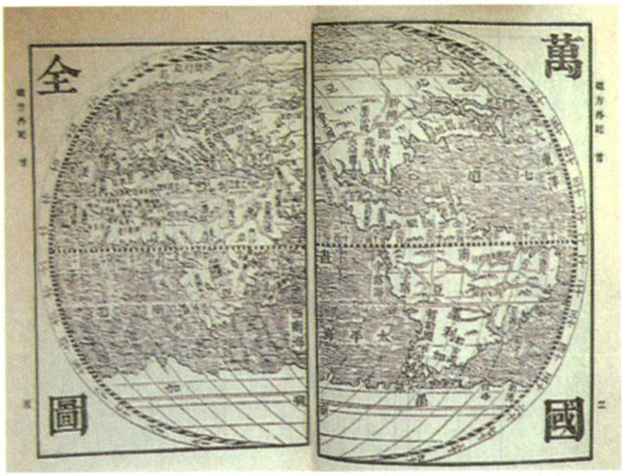

◎利玛窦于明万历三十年（1602年）绘制的《坤舆万国全图》

基本轮廓；世界地图上附有的日、月蚀图，看北极法（即测定地理纬度法）、太阳每日赤纬表、中气图以及地球的概念等等，对于当时的中国知识界来说，都是闻所未闻的事物，大大开拓了人们的眼界，从而使中国一二千年流传下来的地图学受到了强烈的冲击，并随之开始改革。

◎八旗中的正黄旗甲衣

努尔哈赤建八旗

爱新觉罗·努尔哈赤的势力不断扩大，至万历二十九年（1601年），努尔哈赤开始创设八旗制度。

八旗制由牛录制扩充而来。一牛录为300人，首领称“牛录额真”（汉译“佐领”）；五牛录为一甲喇，首领称“甲喇额真”（汉译“参领”）；五甲喇为一固山，首领称“固山额真”（汉泽“都统”）。每一固山有特定颜色之旗帜，当时满州军共有4固山，分红、黄、蓝、白4种颜色之旗帜。万历四十三年（1615年），满州军建制扩大，又增设镶黄、镶白、镶红、镶蓝4固山，共8固山。“固山”即满语“旗”之意，故8固山之建立，亦称“八旗制度”。

努尔哈赤将全体女真人都编入八

旗之中，实行军政合一的制度。每一旗的固山额真皆由王贝勒担任，称为“旗主”，一般百姓则称“旗下”。旗民出则为兵，入则为民；有事征调，无事耕猎。征战时，长矛大刀为先锋，善射者从后冲击，精兵相机接应。八旗兵剽悍善战，又纪律严明，此后200年间，一直无敌于天下。

在八旗制度下，旗主对旗下进行封建统治剥削。努尔哈赤则高居八旗主之上，自为八旗部首领。

徐光启译成《几何原本》

万历三十五年（1607年）初，由意大利利玛窦口译、徐光启笔授的《几何原本》前6卷中文译文完成，并在北京付印，从而使这部希腊古典时期数学成就的总结性著作传入中国，并对中国近代数学发展产生了重大的影响。

《几何原本》为古希腊数学家欧几里得所著。全书13卷，开卷便给出了23条定义、5条公设和5条公理。他运用严格的逻辑推理，将精心选择的460多个数学命题组织成了一个庞大而严密的数学逻辑演绎体系，成为最早用公理法建立数学演绎体系的典范。

《几何原本》是第一部被译为中文的西方科学著作，虽然只译出前6卷，但已充分显示出西方公理化数学体系的思想、方法与特点，其抽象的陈述形式及严密的逻辑推理都是中国传统科学中所缺少的。它的传入，对中国近代数学发展产生了重大的影响。在此以后，不仅几何学知识在中国流传渐广，而且出现了不少中国人自己撰写的几何著作。

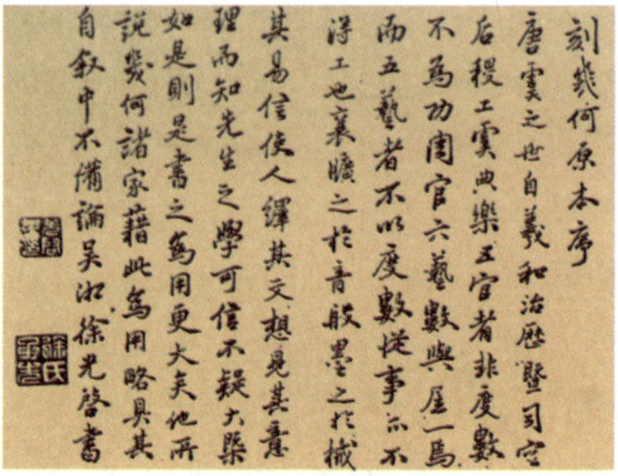
刻幾何原本序
唐虞之世自羲和治歷暨司空后稷工虞典樂五官者非度數不爲功周官六藝數與居一焉而五藝者不以度數從事亦不得工也襄曠之於音般墨之於械其易信使人繹其文想見其意理而知先生之學可信不疑大槩如是則是書之爲用更大矣他所説幾何諸家藉此爲用略具其自叙中不備論吳淞徐光啓書

◎徐光启手书《刻几何原本序》

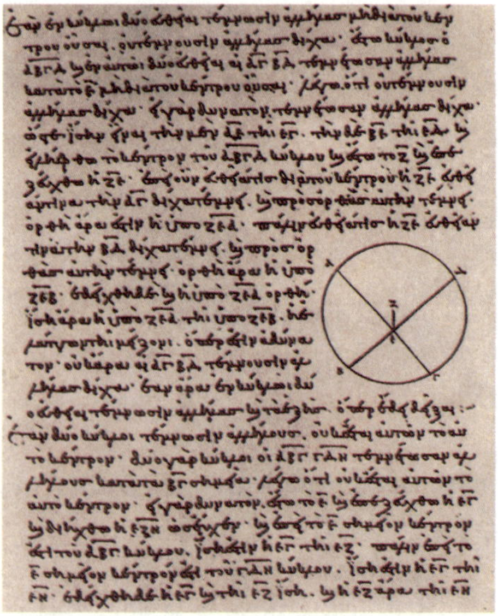

◎《几何原本》（希腊文字抄本）

小人物辞典

游天下的徐霞客

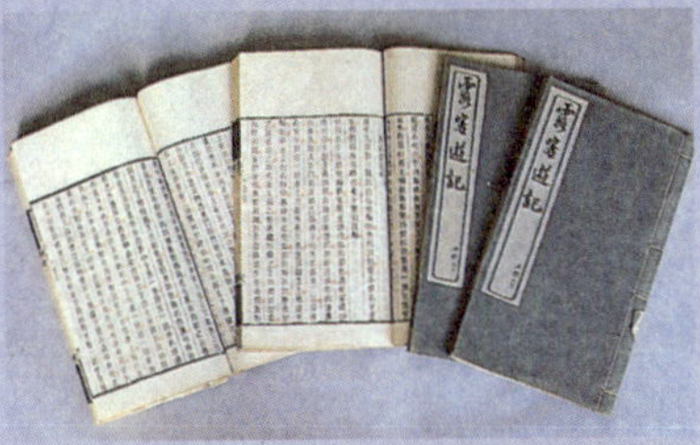

◎《徐霞客游记》书影

徐霞客（1587～1641年），名弘祖，字振之，号霞客，南直隶江阴人（今属江苏）。出身书香门第的地主家庭，自幼勤奋好学，博览图经地志。

在30多年的旅游历程中，徐霞客备尝艰险，足迹遍及16个省区，沿途搜奇访胜，留下了脍炙人口的天台山、雁荡山、黄山、庐山等名山游记17篇；后期西南地区之行，更是在探寻山川源流、风土文物的同时，重点考察记述了喀斯特地貌（石灰岩）的分布及其发育规律。

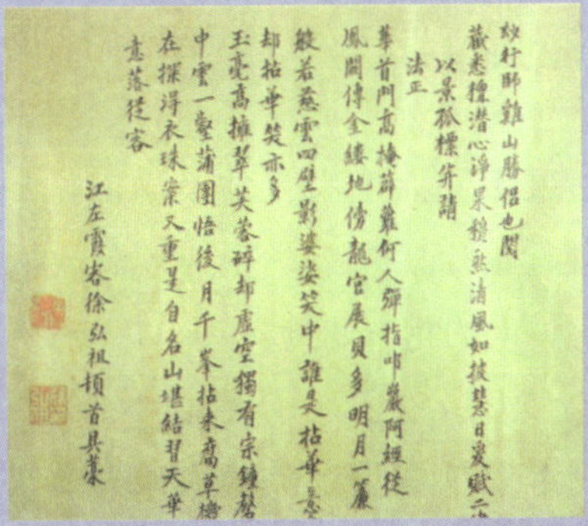

◎徐霞客手迹

徐霞客每到一地，便把所到之处的所见所闻生动而真实地记载下来。他还对文献记载的关于中国水道源流的一些错误作了纠正，正确指出河岸弯曲或岩岸近逼水流之处冲刷侵蚀厉害，河床坡度与侵蚀力的大小成正比等问题。在中国，他也是最早详细描述地热现象的人。

徐霞客所著的《徐霞客游记》，是一部以日记体裁为主的地理名著。内容以地貌、水文、植物等为主，涉及历史地理、社会政治、经济、民族风俗、城镇聚落等，为研究中国地理提供了稀有而宝贵的资料。

徐霞客开创了中国地理学走上系统实地考察、研究自然规律的新方向。他在中国地理学史上前无古人的卓著贡献，尤其是关于喀斯特地貌的记述和研究，早于欧洲人两个世纪，居于当时世界领先水平。

◎江苏江阴县徐霞客墓前塑像

《针灸大成》集针灸大成

明代以来，政府对针灸十分重视，针灸学有了较大的发展。针灸学家高武鉴就曾精心设计铸造了男、女、儿童针灸铜人模型各一座，以便临证取穴。当时还产生了“灵龟八法”和“子午流注”两种学说，即按时辰不同而选用人体不同部位的经穴进行治疗，这些学说与现代生物针学有惊人的相似之处。

万历二十九年（1601年），明代杨继洲撰成集针灸学大成之名著——《针灸大成》。该书广泛收集了前人有关针灸的论述，考证了经络、穴位、针灸手法与适应论，发展了一针两穴以上的透穴针法，并创造爪切、持针、口温、进针、指循、爪摄、退针、搓针、捻针、留针、摇针、拔针等12种杨氏针刺手法。除“口温”外，其他11种手法至今仍在使用。书中介绍了烧山火、透天凉、子午补泻等多种针刺手法，主张应用针灸与药物对疾病进行综合治疗，并附有治疗病例的记录。此外，书中还附有多幅供太医院考绘之用的铜人明堂图。

◎《明状元图考》

《针灸大成》问世后，英、法、德、日等国均有本国文字的全译本或节译本，成为学习针灸学的重要参考文献。

《字汇》创214部首

《字汇》是明代产生的一部以便于检索为目的，以通俗实用为原则，按检索部首排列的新型字典。此书是自《说文解字》以来，中国字典编纂史上一部具有转折意义的重要著作。

《字汇》对部首及部首和部首属字的排列次序作了改革，创立了214部首检字法。作者把《说文解字》的540部首按照楷书笔画归并为214个，并打破了其部首“据形联系”，部属字“依类相从”的排列方式，完全按照

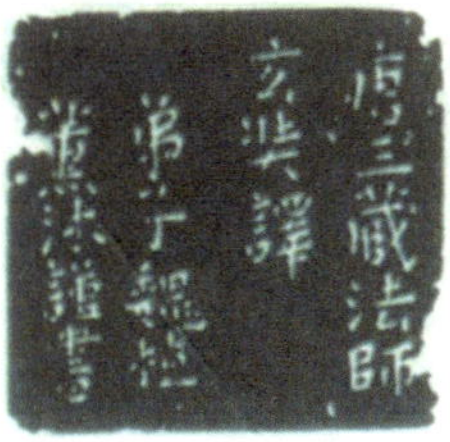

◎梅庵（魏植）

笔画的多少来排列部首和部属字。这种方法使一般人都能极容易地根据笔画的多少找到所要检索的字。

此外，《字汇》收字适中，注音详明，释义全面。凡属于怪僻文字，《字汇》一律不收。一字之下，往往先注读音，然后注解字义，字义以基本的常用义列前，其他列后，释义下列举古书中的例证。

《字汇》创立的214部首检字法，为中国字典的编纂法奠定了基础。从清代的《康熙字典》到现代的《辞海》、《辞源》、《汉语大字典》等，虽然部首数目或有增减，但这种编纂法一直沿用下来。

明瓷畅销世界

明代的陶瓷工艺，除了景德镇闻名天下的青花瓷外，还有浙江龙泉窑青瓷、福建德化窑白瓷、山西珐花器、江苏宜兴窑紫砂器等瓷器也独具特色。明初郑和下西洋的壮举，虽其主要目的是为了宣扬国威，但客观上使沟通中西的海运达到空前的繁荣，瓷器从海上大量输出到国外。

华瓷是明代具有世界市场的传统产品。当时外销瓷式样繁多，双耳扁瓶、双耳折方瓶、天球瓶和盘座、有梁执壶、八角烛台是当时创新之作。永乐年间烧制的青花盘座，上下两端敞口成喇叭形，瘦腰中空，用于承放花盆、水罐。永乐、宣德时期，景德镇烧造的青花瓷已开始使用回文（阿拉伯文、波斯文）和梵文作为装饰图案。伊

◎五彩龙纹瓶（万历景德镇窑）

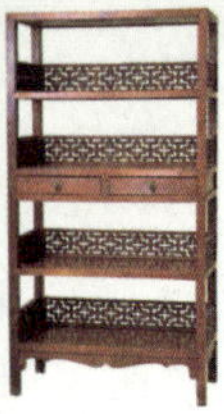

◎五彩凤纹镂空瓶（万历）

斯兰繁褥的缠枝图样和变幻无穷的几何形纹饰，更成为外销青花瓷不可或缺的装饰，流风所被，同一时期各地民窑所造青花瓷也竞成风尚。

15世纪以来，青花瓷、青白瓷已代替青瓷，成为外销瓷的主流。明代青花瓷大量远销亚、非、欧、美各地，海运路线往亚、非各地，陆上更有骆驼商队输往中亚和西亚。伊朗的阿德比尔神庙和土耳其伊斯坦布尔东南的塞拉里奥宫是收藏华瓷的精萃之所。位于伊朗古都大不里士以东阿德比尔德的阿德比尔神庙，是为纪念1502年统一伊朗的萨法维朝先祖而立。阿巴斯王（1587～1628年）在1611年将珍贵的中国陶瓷1600多件献给神庙，其中华瓷1162件，辟有专室收藏。现归德黑兰考古博物馆珍藏的仍有805件，藏品中以元青花瓷35件、明青花瓷581件、明代五彩瓷23件最为世瞩目，土耳其的塞拉里奥宫收藏明代的青花瓷有2500件以上。

华人入南洋开始

16世纪在海禁与反海禁之争中形成的南洋移民潮，使每年都有成千上万的福建、广东移民进入南洋各地。菲律宾的吕宋，印尼的巨港（旧港）、万丹、苏鲁马益、杜板、暹罗，马来西亚的马六甲、北大年、吉兰丹、缅甸、马鲁古群岛，都有成批华人聚居地，出现了近代东南亚的华侨社会。

华人一般居住在城外用土墙围集的居住区，欧洲人称作唐人街。华人开设的店铺出售各色生丝、绸缎、瓷器、漆箱、色纸、金裱的书籍、眼镜、刀、扇、唐伞、硫黄。此外，华人还开办蔗糖厂，又用曲和酵母酿造美酒，使制糖业和酿酒业大有进展。当地居民对深入各岛的华人零售商，尤其因为买卖公平、供应对口、服务周到而热忱欢迎。中国的园艺、手工技术成为开发东南亚不可或缺的宝贵财富。

1593年华人龚容在马尼拉开办了第一家印刷厂，印刷了菲律宾第一部书《基督教教义》。龚容使用过活字印刷机，是将中华印刷文化引入菲律宾的第一人。

1593年福建人陈振龙私自将薯蔓运回福州，从此被广泛种植。华人还将烟草等作物引入家乡，推动了农业生产的发展。

◎董其昌《山水小景八幅册》（之二）

小辞典 文化

推拿定名

在明代，将前代按摩术易名为“推拿”。明代推拿主要是小儿推拿，代表作是龚廷贤的《小儿推拿秘旨》和周于蕃的《小儿推拿秘诀》。

龚廷贤，字子才，号云林、悟真子，江西金溪人。世代从医，遂以医术闻名。后被选任太医，获“医林状元”匾额。生平撰述内、外、妇、儿各科医书10余种。其中刊于万历三十二年（1604年）的《小儿推拿秘旨》是现存较早、较完善的小儿推拿专书。他认为小儿推拿术对小儿保健医疗更具有疗效。书中穴位与推拿治法还用歌诀表述，易记可用。此外，药物疗法也有所记载，是一部具有较大实用价值的儿科著作。

周于蕃，字岳夫，蒲圻（今属湖北）人。通晓医理，尤精推拿术。其《小儿推拿秘诀》撰成于万历三十三年（1605年），以指代针治疗婴儿疾病，甚为后世儿科学家所推重。书中论述推法、拿法、阳掌（掌面）诀法与阴掌（掌背）诀法，介绍了手上推法九则的名称、功用和操作，还简明扼要地指出“身中十二拿法”的穴位与功效。周于蕃常用葱姜汤推，用艾绒敷脐，用葱捣细捏成饼敷贴穴位进行治疗。

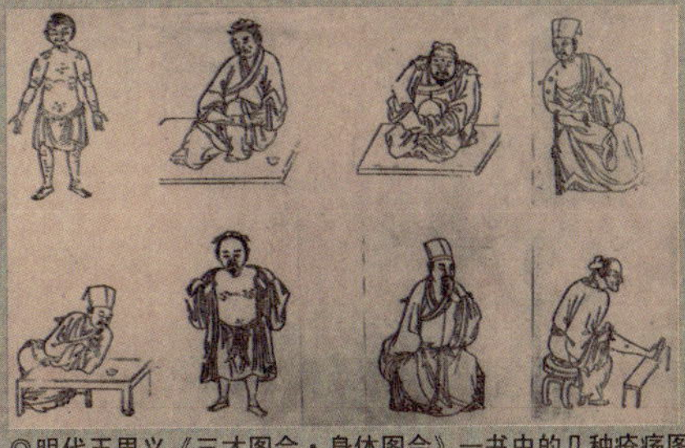

◎明代王思义《三才图会·身体图会》一书中的几种疮疡图

小人物辞典

"临川四梦"之汤显祖

◎汤显祖像

汤显祖（1550～1616年），字义仍，号若士，临川（今江西临川）人，出身书香人家，曾受学于进步思想家罗汝芳，结交反对程朱理学的达观禅师和李贽，他们的影响在很大程度上构成了汤显祖在创作中所表现出来的反抗和蔑视权贵，揭露政治腐败及要求个性解放的思想基础。宦途的波折使他进一步认识了官场的黑暗，晚年又受了佛家消极思想的影响，从此绝意仕进，隐居写作。

汤显祖的主要创作成就在戏曲方面，于明万历年间（1573～1620年）完成"临川四梦"。28岁时作第1部传奇《紫箫记》，10年之后改编成《紫钗记》。49岁时撰《牡丹亭》。罢官归故里后又作《南柯记》、《邯郸记》。《紫钗记》、《牡丹亭》、《南柯记》和《邯郸记》合称"临川四梦"，又称"玉茗堂四梦"。其中《牡丹亭》是汤显祖的代表作，也是他的思想和艺术同时臻于成熟时的作品。

汤显祖是明代戏曲史上最杰出的戏曲家。"临川四梦"流溢着浓重的悲剧情调，透露出清代文学感伤主义的先声，这种感伤主义在后来的《长生殿》、《桃花扇》、《红楼梦》中表现得尤为浓烈。

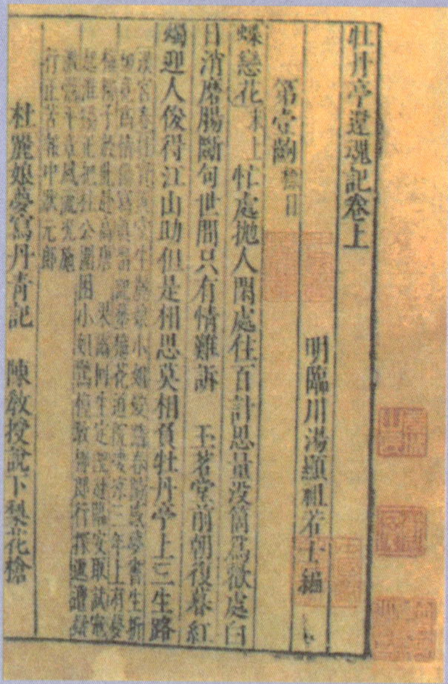
牡丹亭還魂記卷上

明臨川湯顯祖若士編

第一齣 標目

蝶戀花 末上 忙處拋人閑處住，百計思量，沒箇爲歡處。白日消磨腸斷句，世間只有情難訴。玉茗堂前朝復暮，紅燭迎人，俊得江山助。但是相思莫相負，牡丹亭上三生路。

杜麗娘夢寫丹青記 陳教授說下梨花槍

◎明万历刻本《牡丹亭还魂记》

努尔哈赤称汗

明万历四十四年（1616年）正月初一，女真族（满族）首领努尔哈赤在赫图阿拉（今辽宁新宾西老城）称汗，年号天命，国号金，史称后金。他就是后来的清太祖高皇帝。

早在万历四十三年（1615年）努尔哈赤就建立了八旗，完善了“八旗制度”。这种制度实行兵农合一，具有生产、行政，军事三种职能，女真族在这种制度下迅速兴盛强大起来。

努尔哈赤还规定了许多行军作战原则，如行军时，看地形而变，地广就八旗并列，地窄就合为一路，灵活机动；作战时，以长矛大刀为先锋，擅长射击的从后面冲击，精兵不得下马，相机接应。另外在胜利后，实事求是地考察功劳。

◎为清朝立国奠定了基业的努尔哈赤

他又设置了听讼大臣、佐理等官职，分工明确，并确立每五日视朝，听取奏议的制度。另又创文字，实行屯田，开采矿藏。这些都为他第二年的即位做了准备。

努尔哈赤的即位，标志着后金的迅速崛起和强大。即位时他曾致书朝鲜国王，说朝鲜如果日后再援助明朝，他一定以刀兵相见，表明他有很强的雄心和实力。自此，后金成为明王朝在东北的主要威胁力量。

金军大败明军于萨尔浒

万历四十七年（1619年）三月，明军与后金战于萨尔浒，明军覆没。

本年正月，后金征叶赫。当时明军正准备派军援辽，恰遇叶赫告急求援，于是明军于二月出兵，希望藉此机会消灭后金，解除东北边防威胁。

杨镐分兵出击。杜松想立首功，先渡浑河，连克2小寨，乘势赴萨尔浒山谷口。努尔哈赤侦知明军分布，集八旗兵6万，乘明军部署未定，设伏以击。杜松战死，金军乘胜回击，明军败溃，叶赫军惧而逃遁。杨镐得两路败报，急檄止李如柏、刘綎两军。此时刘綎已进军深入300里至深河。努尔哈赤设计诱

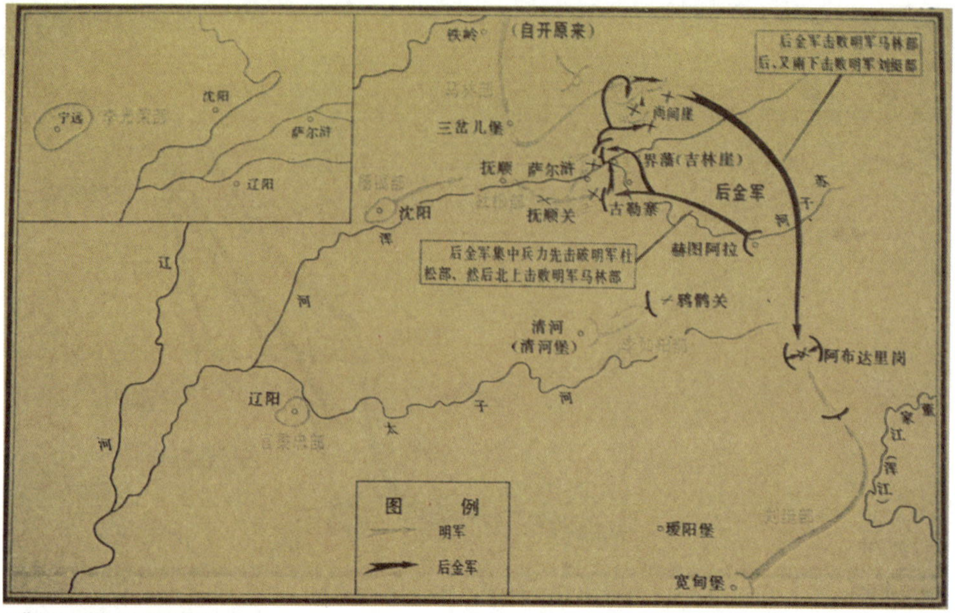

◎萨尔浒之战作战经过示意图

刘綎进入伏击圈，前后夹击，刘綎战死，全军覆没，朝鲜援军亦投降。

这次萨尔浒大战，明军损失惨重，后金军势大振，又于六月、八月先后攻陷开元、铁岭。从此，后金兵开始了长驱直入征讨明朝的掠夺之战。

逸闻趣事

红丸案发生·光宗驾崩

◎嘉靖年间制作的五彩鱼藻纹盖罐

万历四十八年（1620年）七月二十一日，万历皇帝病死。太子朱常洛继位，改年号为泰昌。

光宗登基后，各发银100万两犒劳辽东等边防将士，罢免矿税、榷税，撤回矿税使，增补阁臣，运转中枢。朝臣无不称赞新君将有一番作为。

不料登基大典后仅十天，也就是八月初十，光宗就一病不起。八月十四日，光宗病重，召内官崔文升治病。服用崔文升开的药后，腹泻不止。八月二十九日，光宗召见内阁大臣，询问鸿胪寺是否有药能治，首辅方从哲等回话：“鸿胪寺丞李可灼自称有仙丹妙药，臣等未敢轻信。”于是光宗急召李可灼进宫。李可灼诊视完毕，给光宗服用红丸。服了红丸后，光宗病情有所好转。下午，李可灼又进一丸。次日（九月初一），光宗驾崩。这时，他继承皇位整一个月。因“红丸”引发的宫廷案件，史称“红丸案”。

光宗死后，尸骨未寒，又发生“移宫案”。

逸闻趣事 朱由校即位·移宫案发生

◎嘉靖年间制作的五彩鱼藻纹盖罐

泰昌元年（1620年）九月初一，光宗病逝，年已16岁的皇长子朱由校当立为新君。其时光宗选侍李氏仍居乾清宫，朱由校居住慈庆宫。李氏与宦官魏忠贤互相勾结，企图利用朱由校年幼，独揽大权，因而不肯移出乾清宫。九月初二，都给事中杨涟首先发难，上疏反对李氏继续居于乾清宫；劾其对皇长子无礼，不可将皇长子托付给她。御史左光斗也上疏，说内廷的乾清宫，如同外廷皇极殿，只有皇帝的皇后才能居住，请李选侍移居于宫妃养老的地方仁寿宫内的哕鸾宫。李选侍得到左光斗奏疏之后大怒，数次遣使召左光斗拒不赴见。李选侍益怒，要朱由校议处，朱由校认为左光斗所言极是，催促选择吉日良辰移居宫。经过杨、左等人力争，九月初五李选侍择移居哕鸾宫，皇太子朱由校复还乾清宫。当时宫府危疑，给事中杨涟与大学士刘一燝、吏部尚书周嘉谟定大事，言官只有左光斗积极相助，其余均听杨涟旨意，故一时论移宫者首称“杨、左”。

宦官魏忠贤专权

魏忠贤，原名李进忠，后复魏姓，又赐名忠贤。本为河间肃宁无赖，因赌博赌输而自宫为阉，巴结太监魏朝而被推荐给王安，成为李选侍心腹。

魏忠贤得势主要得力于熹宗乳母客氏，他怕与客氏合力肆恶的行动被妃嫔们揭发，因而掌权伊始，就大杀妃嫔。先是矫旨令光宗选侍赵氏自尽，继而幽禁裕妃张氏，使之饥饿而死。皇后张氏有孕，客氏用计使之堕胎。二人又乘熹宗郊祀的机会，杀掉他的宠妃冯贵妃，对不满他们的慧妃范氏和李成妃，他们均将其废为宫人。

魏忠贤掌管东厂事务后，罗织罪名，严刑酷法，一时厂卫之毒流通天下。同时，魏忠贤又以熹宗好察边情为名，常令东厂派人到关门，侦探情况奏报，边将稍有不满，即怀恨在心，借机惩罚。

魏忠贤气焰嚣张，引起了许多朝臣的不满。先是周宗建疏劾魏忠贤，被夺

◎明末武清侯李诚铭出资为魏忠贤所建的生祠。崇祯继位后诛杀魏忠贤，改此祠为药王庙。图为药王庙前殿（庙址在北京）。

俸3月。继而杨涟因征文言之狱而上疏劾魏忠贤24大罪，被魏忠贤削藩，然后刑讯至死。万爆也因不满魏忠贤而遭廷杖毙命。后来魏忠贤又借东林党一事大兴党狱，大肆逮捕东林党人，一大批不满魏忠贤之士惨死狱中。

同时，自内阁、六部至四方总督、巡抚，遍置其党，又派太监监军、镇守，收揽兵权。朝臣跪拜均呼他“九千岁”。

总之，魏忠贤将处置朝臣的权力都控制在手中，肆意妄为。人们“只知有忠贤，而不知有皇上”。

皇太极攻北京·间杀袁崇焕

袁崇焕（1584～1630年），广东东莞人，万历四十七年（1619年）进士，谋略、勇气过人。天启六年（1626年）正月打退来犯的10余万后金军，获得明金交战以来明军的第一次大胜仗，袁崇焕因此进右佥都御史，加兵部左侍郎。三月，升为辽东巡抚，抗疏谏止宦官监军。熹宗不听，由此为阉党忌恨。

崇祯元年（1628年）四月，崇祯帝即位，召还袁崇焕，起升他为兵部尚书兼都察院右副都御史，总督蓟、辽、登、莱、天津等处军务，移驻关门。七月，袁崇焕入见崇祯帝，要求“户部转军饷，工部给器械，吏部用人，兵部调兵遣将”，都要内外配合。八月初，到宁远平息兵变，整顿军纪，改组边防。又剑斩败将毛文龙，同时，袁崇焕为恢复故疆，趁后金东征朝鲜的时机，遣使与后金议和。在赢得时间后，即遣将修缮锦州、中左、大凌三城。袁崇焕这些正确的防守策略，有力地遏制了后金的军锋。

皇太极看到袁崇焕是他前进道路上的巨大障碍，决心借多疑的崇祯皇帝之手除掉袁崇焕。崇祯二年（1629年）冬，皇太极联合蒙古科尔沁等部落，避开袁崇焕驻守的宁、锦，由蒙古境而直趋长城，再分兵三路，从大安口、龙井关、洪山口南下，进围北京。袁崇焕未得诏令，即从山海关千里驰援京师。每遇城池即留兵驻守。

◎袁崇焕像

崇祯帝为之大喜，令其统领诸路援军。此时，后金皇太极施反间计，故意对俘虏的杨太监透露后金与袁崇焕已有密约，然后放其回京报告。十二月，崇祯帝逮捕袁崇焕，下锦衣卫狱。金兵退后，明廷审理袁崇焕案，魏忠贤党徒乘机报复，攻击袁崇焕与大学士钱龙锡“擅主议和，专戮大帅（指毛文龙）”，崇祯三年（1630年）八月十六日，袁崇焕以“谋叛罪”被斩于市，兄弟妻子流徙3000里，籍没其家，天下冤之。自袁崇焕死后，明廷边防更无良将。

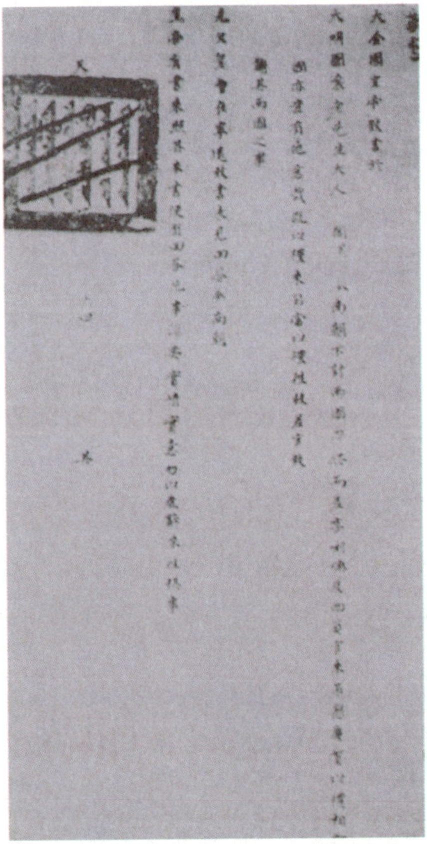

◎后金致袁崇焕书

小文化辞典

《易筋经》

《易筋经》（中国古代健身法）出现于明天启年间，标志着我国导引发展进入了一个新的历史阶段。

导引具有数千年的历史，东汉华佗创编的五禽戏、宋代的八段锦、“文人段”、“十二月坐功”均是导引行气之术。导引发展与道家有密切的关系。晚明以前，目前所见导引著述中的插图，练功人均着道装。所冠名称如“灵剑子导引”、“逍遥子导引”、“二十四气修真图”等，亦为道家所专有。《易筋经》创始于晚明，所谓“达摩创传”之说实乃清人之附会。

◎明代宋懋晋《写杜甫诗意图册》（之一）

佛门研习导引术后，内容和形式都有了很大的发展变化。《易筋经》提出了“内壮神勇”和“外壮神勇”之说，在以前导引主要修炼“内功”的基础上，增加了“外功”。亦即在“行气”的基础上，增加了“力”的练习。“外功”则有八法：“曰举、曰提、曰推、曰拉、曰揪、曰按、曰抓、曰坠。”

《易筋经》的出现改变了导引多为文人修习的传统，从此亦为武术家所实行。《清史稿·甘凤池传》载江南名武技家甘凤池善导引术，并用气功为人治病。

小人物辞典

八大王张献忠

张献忠，延安卫柳树涧人。曾为延绥镇军卒，由于犯法本来要斩首，总兵陈洪范见他容貌奇伟，命鞭打100而免死。张献忠于是乘机逃走，先投奔神一元部，后来占据米脂18寨，招兵买马，自立一部。

崇祯二年（1629年），明廷委派杨鹤为兵部右侍郎总督陕西三边军务，率兵进剿农民军。当时，王嘉胤率领的一支农民军奋起抗击，袭破黄甫川、清水，杀孤山副将李钊。崇祯三年（1630年）六月，王嘉胤率军攻下府谷，占据河曲，张献忠从米脂起而响应，自称“八大王”，与王嘉胤互为声援。自此，张献忠走上了他艰难曲折的反明道路。

崇祯十一年（1638年）正月，张献忠部农民军在郧襄一举被左良玉、陈洪范等部击败。献忠军损失惨重，辗转退至谷城，暂时接受明廷“招抚”。次年，张献忠在谷城经过一年多的休整，兵精粮足之后，终于重举义旗。农民军杀谷城知县阮之钿，火焚官署，然后挥军攻房县，克郧西，下保康，朝野震动。在不到半年的时间里，张献忠农民军在东起夔、巫，西至成都，北达广元，南及泸州的广大地区内，以快速的军事行动转战数千里，给官军以有力的打击，为农民起义打开了一个新的局面。

崇祯十六年（1643年）五月，张献忠称大西王，建五府六郡，开科取士。大西农民革命政权初步建立后，农民军乘胜前进，于同年攻下长沙，占领江西、湖南大部分地区。崇祯十七年（1644年），张献忠率大军十万入川，水陆俱进，势如破竹，连克涪州、重庆、泸州等城，并于七八月间攻下成都，占据了这个全川重镇，随即分兵四出，于短短几个月内占领了四川大部分地区。当年十一月初六，张献忠在成都称帝，国号大西，改元大顺，正式建立起农民革命政权。

◎“西王之宝”玉玺

◎“西王赏功”钱

皇太极建清·征服朝鲜

天聪十年（1636年）四月十一日，皇太极在统一漠南蒙古及接纳了祖大寿、孔有德、耿仲明、尚可喜等人投降的胜利声中，在沈阳宣布称帝，用满、蒙、汉三种表文祭告天地，改国号为“大清”，改年号为崇德，改族名为“满洲”，并受尊号“宽温仁圣皇帝”。次日，清太宗率百官祭太庙，尊父努尔哈赤为太祖，随后又大封臣属。

在皇太极称帝的同时，朝鲜因不堪后金的各种勒索而与后金的矛盾更加激化。皇太极决心在登基伊始便征服朝鲜。崇德元年（1636年）十二月，皇太极率大军进攻朝鲜。清军兵分两路：左翼由多尔衮、豪格率领，由宽甸入长山口取道昌城，南下平壤；皇太极与代善亲率右翼，从东京大路经镇江进入朝鲜。清军大队抵达，朝鲜国王逃到汉江南岸的南汉山城，皇太极遂带军包围南汉山城。崇德二年（1637年）正月二十二日，清军在多尔衮率领下攻破城池，朝鲜国王被迫投降。从此，朝鲜正式成为清朝的属国，皇太极在征服朝鲜之后也解除了他对明战争的后顾之忧。

◎清太宗皇太极像

李自成称闯王

李自成，原名李鸿基，万历三十四年（1606年）出生在陕北延安一个“十世务农”的家庭。李自成幼时牧羊、种田，后来学过打铁，当过酒佣。之后，又应募为银川驿卒，练就一身骑马射箭的好本领。崇祯二年（1629年），朝廷撤销驿站，李自成失业，到甘州充任边兵。崇祯三年（1630年），李自成聚众起义。崇祯四年（1631年）农民军领袖王自用与老回回、八金刚、扫地王、射塌天以及高迎祥、张献忠等共36营、20余万人马会聚于山西，李自成当时跟随高迎祥，号为“闯将”。

崇祯六年（1633年），明廷增调大军开进山西围剿农民军。农民军各义军分兵以进，李自成与侄子李过以及李牟、俞彬、高杰等自为一军，挺进汉中，从此独领一军开始了轰轰烈烈的反明斗争。

崇祯九年（1636年），高迎祥在汉中不幸被俘，押至京师后惨遭杀害。高迎祥死后，大家共推李自成为闯王。经过9年多来的南征北战，这时的李自成已是一个胆略兼备、很有威望的农民军领袖。他率领的部队坚甲铁骑，兵仗精整，战斗力很强，并深得将士的拥戴。

◎李自成佩用的军刀

崇祯十年（1637年）四月以后，明廷采取先抚后剿、四面合围的策略，使农民起义军中不坚定分子纷纷叛变。李自成一部则在四川继续坚持反明斗争。

崇祯十一年（1638年），李自成率部在川西及潼关两次遭遇明军伏击，义军溃败，损失惨重，起义暂时转入低潮。

李自成败走商洛山后，总结经验教训，并抓紧时间练武、整军，随时准备待机而起。

崇祯十六年（1643年）正月，李自成被拥戴为“新顺王”，改襄阳为襄京，设制官职。五月，确定先取关中，以陕西为基地，扩充力量，然后

◎李自成铸造的铜印

攻取山西、河北，进军北京的战略计划。十月破潼关，随即占领西安。不久，陕、甘、青广大地区都归农民军所有。

崇祯十七年（1644年）春节，李自成正式宣布建国。改西安为西京，国号“大顺”，建元“永昌”。李自成在西安进一步调整和完善了农民政权的中央机构，大力推行各项革命措施。农民革命政权根基渐稳。于是起义军在李自成亲自率领下，浩浩荡荡开始东征，向明王朝都城北京攻去。

荷兰占领台湾

崇祯十四年（1641年），荷兰打败西班牙，独占整个台湾。

荷兰人在万历二十九年（1601年）驾船航海至广州。万历三十二年（1604年）袭击我国澎湖诸岛。天启二年（1622年）强占澎湖，在岛上修造工事，建立要塞，并以此为据点，不断袭扰福建沿海，屠杀居民，掠夺财物，绑架人口至巴达维亚（今印度尼西亚雅加达）贩卖，沦为奴隶。天启四年（1624年），明朝派军将其赶出澎湖。其时荷兰人又占据我国台湾台南的安平，在此修筑“热兰遮”、“赤嵌城”二处要塞，逐步向台湾南部扩张。天启六年（1626年），占据

◎台湾安平港

鸡笼（今台湾基隆）。

本年（1641年），荷兰、西班牙两个殖民主义国家为争夺台湾发生战争，西班牙溃败，荷兰于是以胜者的姿势占据台湾。

清兵攻明·洪承畴降清

崇祯十四年（1641年）三月，明总兵祖大寿与清军接战不利，连连告急。明廷诏洪承畴及巡抚邱民仰率宣府杨国柱、大同王朴、密云唐通，会同曹变蛟、白广恩、马科、吴三桂、王廷臣等八总兵，领兵13万，集于广宁以援锦州。

四月，清济尔哈朗率兵攻锦州，距城30里扎营，截断松山、杏山援军道路。

七月，洪承畴率军进至宁远，决定以兵护粮饷，从杏山进松山，从松山进锦州，步步为营，以守为战。随即留粮饷于宁远、杏山及塔山堡外的笔架冈，而以兵力6万先进，其他各路相随于后。这时，皇太极已亲率清兵进至松山、杏山之间，横断大路，

◎清兵进入中原的必经地——山海关。图为山海关东门城楼。

断绝粮道，并派军夺去明军塔山堡的粮饷。明军既失粮草，又不敢野战，于是商议突围，决定六位总兵轮番断后，严阵而退。但大同总兵王朴先逃，其他各路遂不成阵列。吴三桂、唐通、白广恩相继奔逃，部属纷纷溃退杏山，一路遭清兵截击，死5万多人。洪承畴、邱民仰、曹变蛟等则退守松山城，被清兵四面围困。

崇祯十五年（1642年）二月，松山被困已半年，城中粮食已尽，副将夏成德开城门纳清兵，总兵曹变蛟、王廷臣及巡抚邱民仰等被俘而死。洪承畴也被清兵俘获，押至盛京（沈阳）而降清。

三月，锦州总兵祖大寿见松山已破，战守均已无计可施，而且粮饷也尽，于是也向清兵投降。四月，清军相继破杏山、塔山，至此，明廷关外防线仅剩孤城宁远。

松锦之战是明清之间最大的一次战役，清军全力以赴，击败洪承畴13万援军，夺取关外军事重镇锦州，降获明末两个著名将领洪承畴、祖大寿。从此，明朝再也无力组织有力的部队与清军抗衡了。

崇祯帝煤山自尽

崇祯十七年（1644年），李自成率大军分成两路向北京进军。崇祯帝命大学士李建泰带兵出征，并亲自为他送行。可是山西早已被农民军占领，他的军队很快就崩溃了。

崇祯帝病急乱投医，先是下“罪己诏”承认自己治理国家的过失，然后又征集天下军队到北京勤王，并要求王公大臣、外戚权贵捐献家财做军饷，组织抵抗，可都得不到积极的响应。

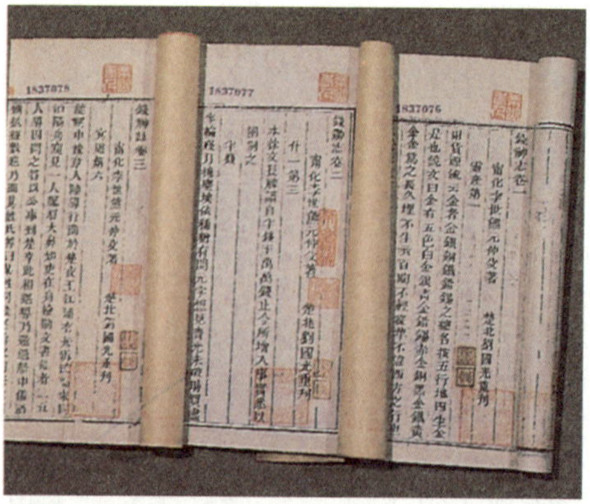

◎明清之际李世熊编撰的《钱神志》书影。此书为后人了解“钱”的历史提供了重要资料。

另一方面，农民军势如破竹，三月十八日，李自成的大军已经攻打到北京城下。崇祯帝派太监和士兵上城防守，无奈只有六七千老弱残兵，寡不敌众。十九日，守城太监曹化淳开了城门，让李自成的军队威风凛凛地进入紫禁城。

崇祯帝得到消息后，本想逃出城去、到外戚的府第暂时躲避，可是都遭到了拒绝。无奈之下，崇祯只得折回宫中，逼皇后上吊，又亲手砍下十五岁公主的手臂，然后在太监王承恩的陪同下，来到紫禁城北面的万岁山（又名煤山、景山）寿皇亭下，与王承恩一起上吊自杀了。

◎韩希孟刺绣花鸟册（四幅）

吴三桂开关迎敌

李自成率领农民军进入紫禁城以后，迅速建立新的国家机构，国号大顺。并任命了内阁、六部及文武百官，随即派出大顺政权的文武官员到各地去建立地方政府，布置防务，征剿还在顽抗的明朝军队。虽然知道距北京城不远还驻守着一支明朝大军，而此时关外仍有更加强大的清军虎视眈眈，但大顺军已经被灭明的胜利冲昏了头脑，没有认识到局势的紧迫性。

大将们不分轻重、不加区别，忙于追缴明朝大臣、外戚家中的财富。后来还将明朝大臣吴襄抓起来拷打、抄家，大将刘宗敏更是强占了吴家的歌姬陈圆圆。父亲与爱妾的遭遇直接成为吴三桂不顾民族大义，写信与关外清军联系，倒戈相向的导火线。

吴三桂于是将多尔衮接进关内，杀白马结盟，共同围剿大顺军。经过此役，李自成的农民军元气大伤，决定退回到陕西养精蓄锐。临行前，他在金銮殿上完成了大顺皇帝的登基典礼。但沿途已归降大顺政权的城池纷纷反叛，投降了清军和吴三桂。

在吴三桂的帮助下，清军进入北京，从农民军手里抢夺了胜利的果实，并于当年就将都城迁到北京，开始了清王朝在全中国的统治。

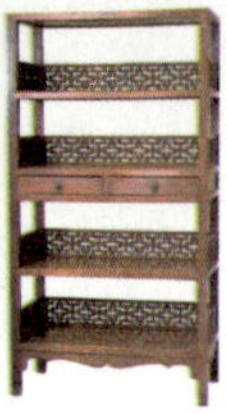

◎徐渭《竹菊图》轴

明十三陵竣工

明十三陵位于北京城北45公里的昌平县天寿山下。始建于永乐七年（1409），到清初始竣工。明末李自成起义军攻入北京，崇祯皇帝自缢于煤山（今景山）。清兵入关后，标榜为明“复君父仇”，因而以礼葬崇祯于十三陵，故十三陵到清初才竣工。十三陵是一个规则完整、布局主从分明的大型陵墓群。

十三陵即明代13个皇帝陵墓的总称。明代自成祖朱棣迁都北京后，至末帝朱由检止，共14帝，除景帝朱祁钰因故别葬金山外，其余皇帝的陵墓都在这里，其名称依次为：明成祖朱棣的长陵、仁宗的献陵、宣宗的景陵、英宗的裕陵、宪宗的茂陵、孝宗的泰陵、武宗的康陵、世宗的永陵、穆宗的昭陵、神宗的定陵、光宗的庆陵、熹宗的德陵、思宗的思陵等十三个皇帝的陵墓。

◎十三陵定陵之明楼

◎十三陵石牌坊

明成祖朱棣经“靖难之变”夺取皇位，并迁都后即派礼部尚书赵羾和著名的风水先生廖均卿等在北京附近寻吉地、宝地以置帝陵。永乐七年（1409年），选中黄土山陵址，并将黄土山更名为天寿山，裁定为自己和子孙后代的共同陵址，下令圈地80里，开始建长陵，永乐十一年（1413年）建成，1424年朱棣死后归葬于此，此后子孙相承，均营陵于长陵左右，形成以长陵为主体的陵墓群组。明十三陵最终形成。

顾炎武编《天下郡国利病书》

顾炎武（1613～1682年），字宁人，初名绛，曾自署蒋山佣，学者称亭林先生，明末清初江苏昆山人。早年曾参与复社反宦官权贵斗争。其学识广博，是清代朴学之开山祖。一生著述甚丰，《天下郡国利病书》、《日知录》为其代表作。

《天下郡国利病书》是作者根据

◎仇英《松溪论画图》轴

“经世致用”观点，按明朝行政区分类汇集资料，并从明朝地方志中辑录有关各地民生利害、政治经济利弊、军事得失等部分编撰而成，其目的在于鉴往知来。

该书首为舆地山川总论，次以明代两直隶、十三布政使司分区，因而历来被视为地理著作。其实，该书对各地建置、赋役、屯田、水利、军事、边防、关隘等都有较详细的论述，并涉及少数民族、农民起义等情况，是一部社会政治、经济、地理著作。但其重点在郡国利病上面，如赋役即为该书的重要内容。该书编撰之时正值明亡之际，士大夫痛定思痛，因而内容取舍有一定的针对性。是一部很有价值的社会政治经济资料。

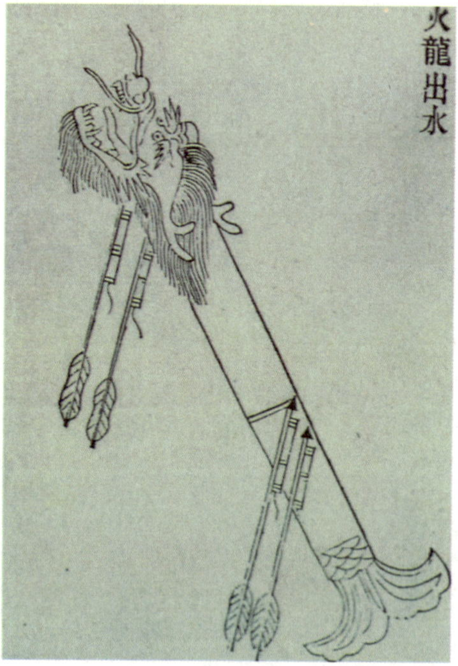

◎火龙出水——明代制成的二级火箭

小辞典 人物

将元气说发展到顶峰的王夫之

王夫之（1619～1692年），湖南衡阳人，明末清初启蒙学者，唯物主义哲学家，字而农，号姜斋，中年时别号卖姜翁、壶子、一壶道人等，晚年隐居湘西石船山，自署船山老农、船山遗老、船山病叟等，学者称之为船山先生。与黄宗羲、顾炎武并称为明末清初的三大思想家。一生著述甚丰，其中以《读通鉴论》、《宋论》为其代表之作。

元气，是中国古代唯物主义的哲学范畴，指构成万物的原始物质。元气说始于汉代，王充把元气看作是构成万物的物质本原。北宋张载肯定一切存在都是气，整个世界都是由气构成。世界统一于气，气只有聚散而无生灭。

王夫之将元气论发展到了思辨的高峰。他发展了张载的思想，对“气”范畴给予新的哲学规定。他认为，整个宇宙除了“气”，更无他物，宇宙天地和世界万物都是由“气”构成的。元气处在不停的运动状态之中，“气”只有聚散往来，而没有增减、生灭，所谓的有无、虚实等，都只是“气”的聚散、往来及屈伸的运动形态。

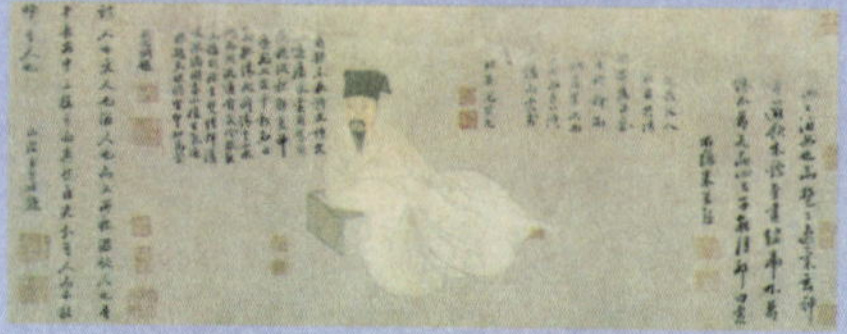

◎曾鲸《葛一龙像图卷》

丝绸之路通往美洲

1571年，西班牙人开始营建马尼拉城，他们在马尼拉就地打造大帆船满载这些从中国商人那里得到的各种货物驶向墨西哥西岸的阿卡普尔科。漳州月港—马尼拉—阿卡普尔科的贸易航线从此诞生。

这条万里之遥的创记录的航线，每年装载的货物中数量最多、价值最高、货色最吸引人的是生丝和丝织品。马尼拉帆船绝大部分年代都以装载丝货为主，因此被阿卡普尔科所属的新西班牙人称为中国船。精致的罗纱、广东绉纱、号称“春天”的广东绣花绸、天鹅绒、线缎、优质花缎、丝毛混纺物、嵌有金银花的浮花锦缎、丝单被、手帕、台布、揩嘴布、袜子、斗篷、裙子，以及天鹅绒女上衣、长袍、晨服，供教堂育婴堂用的法衣，名目繁多，品质粗细都有。马尼拉帆船贸易吸引了成千上万的中国人到马尼拉经商、定居，就地制作各种销往太平洋彼岸的商货。

西班牙在美洲的两大总督辖区，新西班牙和秘鲁总督区，都将视线集中到了每年定期开到阿卡普尔科的大帆船身上。17世纪上半叶，每艘马尼拉帆船运到美洲的丝货总在三四百箱左右，这些丝绸运到了墨西哥城，也都成为秘鲁首府利马大商店里的压台货。

◎安迪尔河下游沙漠深处的提莫木古城，曾是丝绸之路上的一个重镇。图为该城残存的城墙和佛塔遗迹。